選手

NEYMAR JÚNIOR

2009. 3 산투스FC 입단

네이마르는 열한 살 때 브라질의 명문 구단 산투스FC 유소년팀에 입단했다. 축구 황제 펠레가 축구를 시작한 바로 그 팀이다. 네이마르는 여러 아이들 사이에서도 눈에 띄는 보석이었다. 결국 열여섯 살에 프로 계약을 맺었고, 2009년 1군에 데뷔했다. 네이마르는 첫 시즌부터 14골을 넣는 엄청난 활약을 보여줬고 레알 마드리드, 바르셀로나, 첼시 등 유럽 빅클럽들의 눈을 사로잡았다. 브라질의 새로운 축구 황제는 이렇게 등장했다.

2010. 8 브라질 A대표팀 데뷔

네이마르는 많은 브라질 국민들의 기대를 받으며 A대표팀 데뷔전을 치렀다. 상대는 미국. 이 경기에서 11번 유니폼을 입은 열여덟 살 네이마르는 왼쪽 측면에서 올라온 안드레 산투스의 크로스를 머리로 해결하며 전반 28분 만에 데뷔골을 터뜨렸다. 새로운 전설의 시작이었다. 브라질은 2-0으로 승리했고, 네이마르는 왜 자신이 브라질 대표팀의 노란색 유니폼을 입어야 하는지 한 경기 만에 증명했다.

2011. 6 푸스카스상 수상

네이마르의 이름을 전 세계에 알린 골이 터졌다. 브라질 세리에A 플라멩구전 전반 25분. 네이마르는 왼쪽 측면에서 환상적인 개인기로 두 명의 선수를 가볍게 제쳤다. 이후 동료와 원투패스를 주고받은 뒤 빠르게 돌파했고, 발재간으로 수비수를 농락한 뒤 골키퍼와 일대일 상황, 정확한 슈팅으로 득점에 성공했다. 이 마법 같은 골로 네이마르는 웨인 루니, 리오넬 메시를 제치고 푸스카스상을 수상했다.

2013. 5 바르셀로나 이적

남미 최고의 선수 네이마르가 자신의 미래에 대한 결정을 내렸다. 다수의 빅클럽들의 관심에도 불구하고 그의 선택은 스페인 명문 구단 바르셀로나였다. 바르셀로나는 5,700만 유로(약 830억 원)를 투자해 네이마르를 영입했다. 캄프 누에는 네이마르의 입단식을 보기 위해 약 5만 6천 명의 팬이 구름처럼 모였다. 네이마르의 유럽 도전은 모든 사람의 기대와 함께 화려하게 시작됐다.

2014. 6 브라질 월드컵의 악몽

네이마르는 브라질의 위대한 부활이라는 목표와 함께 자국에서 열린 월드컵에 출전했다. 시작은 좋았다. 조별리그 3경기에서 4골을 퍼부으며 16강 진출을 이끌었고, 16강에서는 승부차기 끝에 칠레를 제압했다. 하지만 8강 콜롬비아전에서 그 사건이 발생했다. 카밀로 수니가에게 허리를 가격당해 척추 골절 부상을 당했고 월드컵에서 아웃됐다. 선수 생명이 끝날 수 있는 아찔한 부상이었다. 다행히 회복했지만 네이마르가 없는 브라질은 4강에서 독일에 1-7 참패를 당하며 역사적인 굴욕을 당했다.

2015. 6 역사적인 트레블 완성

네이마르의 커리어 중 가장 화려한 시기다. 루이스 엔리케 감독의 지도 아래 네이마르, 리오넬 메시, 루이스 수아레스의 MSN 라인은 유럽을 평정했다. 스페인 라리가, 코파 델 레이(국왕컵), UEFA 챔피언스리그까지 모든 대회에서 우승을 차지했다. 네이마르는 핵심 선수였다. 코파 델 레이와 챔피언스리그 결승전에서 득점을 터뜨리며 팀에 우승 트로피를 선물했다. 시즌 기록은 51경기 39골 7도움.

2016. 8 올림픽 금메달리스트

네이마르에게 설욕의 기회가 찾아왔다. 비록 올림픽이지만 자국에서 열리는 대회에서 브라질 축구의 위대함을 다시 한번 보여줘야 했다. 와일드카드로 올림픽에 참가한 네이마르는 8강에서 악몽을 선사했던 콜롬비아를 네이마르는 득점을 터뜨리며 4강 진출을 이끌었고, 이후 온두라스까지 꺾고 결승에 올랐다. 결승에서 브라질을 기다리고 있는 팀은 독일이었다. 네이마르가 프리킥으로 선제골을 넣었지만 경기는 승부차기까지 이어졌다. 마지막 키커로 나선 네이마르는 침착하게 득점을 성공시켰고 뜨거운 눈물을 흘렸다.

2017. 8 파리 생제르맹 이적

네이마르는 메시의 그림자에서 벗어나 일인자가 되길 원했다. 그런 상황에 파리 생제르맹에서 믿을 수 없는 결정을 내렸다. 네이마르의 천문학적인 바이아웃을 지불한 것이다. 이적료는 무려 2억 2,200만 유로(약 3,230억 원). 축구라는 스포츠가 탄생한 이후 가장 비싼 이적료다. 네이마르는 전 세계를 깜짝 놀라게 하며 파리 에펠탑 앞에 섰다. 네이마르의 도전과 파리 생제르맹의 야심이 합쳐진 결과였다.

2020. 8 챔피언스리그 우승 실패

네이마르는 PSG에서 수많은 우승 트로피를 들었다. 하지만 많은 이들은 네이마르를 우물 안 개구리로 평가했다. 결국 들어야 하는 트로피는 빅이어였다. 마침내 기회가 찾아왔다. PSG는 2019-20시즌 챔피언스리그 결승전에 올랐다. 상대는 독일의 절대 1강 바이에른 뮌헨. 네이마르는 풀타임을 소화했지만 혼자서는 결과를 만들 수는 없었다. 패배를 알리는 종료 휘슬이 울리자 네이마르는 눈물을 흘리며 하늘을 멍하니 바라봤다.

2023. 8 사우디아라비아 알 힐랄 이적

일인자가 되지 못한 네이마르는 결국 파리를 떠나게 됐다. 천문학적인 투자로 축구계를 통째로 흔들고 있는 사우디아라비아 알 힐랄의 2년 제안을 수락했다. 기본 연봉은 무려 2,200억 원. 여기에 더해 개인 비행기, 고급 저택, 고급 자동차를 지급받고 SNS에 사우디 홍보 글을 게시할 경우 7억 원을 받는 특별 조항이 있다. 네이마르는 화려하면서 동시에 씁쓸하게 유럽을 떠나게 됐다.

PROLOGUE

우리가 축구, 브라질, 네이마르에 열광하는 이유

우리는 왜 축구를 사랑할까. 누군가는 지루하고 단순한 공놀이로 평가할 수 있지만 누군가에게는 스포츠를 넘어 문화, 역사, 인생 그 자체다. 나라마다 차이가 있지만 대한민국을 포함해 전 세계에서 가장 많은 사람이 즐기고, 사랑하는 스포츠는 단연 축구다. 이 축구라는 종목을 이야기할 때 절대 빠트릴 수 없는 것들이 몇 가지 있다. 그중의 하나가 바로 '열정의 나라' 브라질República Federativa do Brasil이다.

모두가 알듯이 축구는 영국에서 만든 스포츠다. 과거부터 공을 발로 차는 형태의 놀이는 세계적으로 많이 있었지만 규칙을 만들고 표준화한 건 19세기 영국이다. 1863년 런던의 한 선술집에서 인근 학교를 대표하는 사람들이 모여 회의를 했고, 지금의 축구협회The Football Association가 탄생했다. 그럼에도 우리가 축구를 생각하면 먼저 떠오르는 건 유럽의 잉글랜드가 아닌 남아메리카의 브라질이다.

브라질 특유의 삼바 축구는 마치 삼바 리듬처럼 빠른 템포와 속도를 축구에 융화시켰다. 체계화, 정형화된 축구가 아닌 사람마다 다른 각자의 리듬에 맞춰 마치 춤을 추듯 축구하는 모습은 이를 보는 사람들을 흥분시키기 충분하다. 삼바 축구는 단순히 흥분에 멈추지 않는다. 세계 최고의 축구 대회 FIFA 월드컵에서 최다 우승을 차지한 건 바로 브라질이다. 브라질은 무려 5번(1958, 1962, 1970, 1994, 2002)이나 우승 트로피를 들었다.

그런 브라질을 현재 대표하는 아이콘은 네이마르 주니오르Neymar Júnior다. 1992년생 네이마르는 한때 리오넬 메시, 크리스티아누 호날두를 잇는 축구의 신으로 평가받았다. 물론 잦은 부상, 축구 외적인 문제 등으로 끝내 정상에는 오르지 못했으나 그래도 우리는 현재 브라질 축구를 이야기할 때 네이마르를 빼놓을 수 없다.

브라질 축구가 도대체 무엇이냐고 묻는다면 네이마르의 활약을 보여주고 싶다. 경기 시작과 함께 미소를 띠며 특유의 통통 튀는 움직임 그리고 화려한 발기술, 수비수들을 바보로 만드는 마법 같은 플레이가 네이마르의 플레이 스타일이고, 곧 브라질 축구다. 유럽 축구가 공부만 잘하는 모범생 같은 느낌이라면 브라질은 마치 공부도 잘하고, 놀기도 잘하는 미스터리한 인물이다. 물론 그 균형을 잡지 못해 무너지는 브라질 선수들도 상당히 많다.

이 책에서는 브라질 축구와 이를 대표했던 영웅들 그리고 현재 브라질을 대표하는 네이마르에 대해 다룬다. 우리가 동경했던 그 시절 브라질 축구 스타들 그리고 브라질 축구가 왜 전 세계적으로 사랑을 받고 있는지 살펴보자. 축구를 사랑하는 사람이라면 브라질을 사랑할 수밖에 없다. 브라질의 영롱한 노란색 유니폼 그리고 브라질의 축구 아이콘 네이마르에 대해 알아가며 축구를 더 사랑해보자.

CONTENTS

Neymar In Brazil

Great Brazil

Brazil Super Star

Neymar In Barcelona

Neymar In Paris

Neymar In Brazil

네이마르는 2023년 9월 9일 볼리비아전에서 A매치 78, 79호 골을 터뜨리며

축구 황제 펠레(77골)를 넘고 브라질 역대 최다 득점자가 됐다.

2022년 12월 세상을 떠난 펠레는 네이마르가 자신의 기록을 넘어선 걸 직접 보진 못했지만

그가 자신을 이을 브라질의 축구 황제라는 걸 이미 알고 있었다.

"

네이마르가 성장하는 걸 봤고, 매일 그를 응원했습니다.
그리고 마침내 내 골과 동률을 이룬 걸 축하할 수 있게 됐습니다.
내 기록은 거의 50년 동안 이어져왔죠.
예전에는 누구도 접근하지 못했지만 바로 그가 해냈습니다.
네이마르, 네가 해냈어!

"

_ 펠레

01

네이마르를
브라질 대표팀에
뽑아주세요

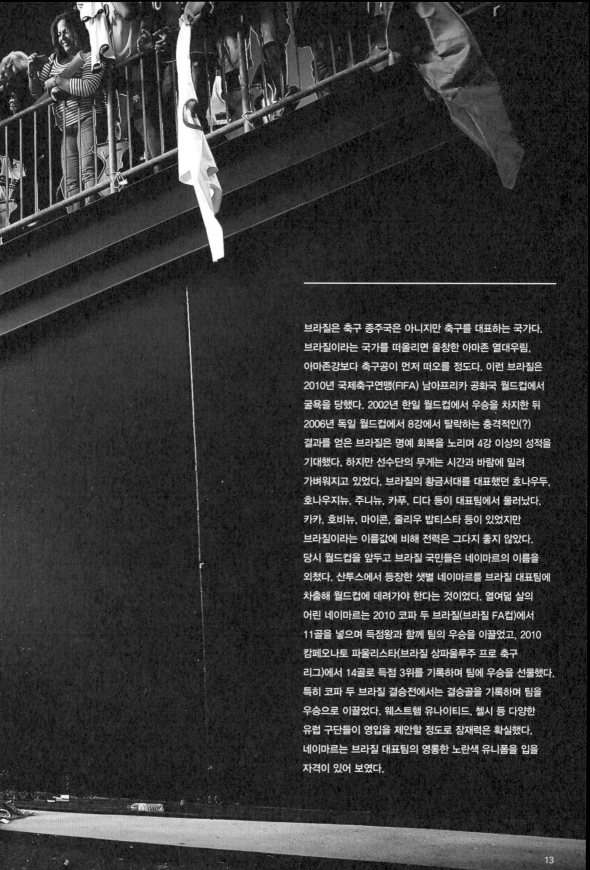

브라질은 축구 종주국은 아니지만 축구를 대표하는 국가다.
브라질이라는 국가를 떠올리면 울창한 아마존 열대우림,
아마존강보다 축구공이 먼저 떠오를 정도다. 이런 브라질은
2010년 국제축구연맹(FIFA) 남아프리카 공화국 월드컵에서
굴욕을 당했다. 2002년 한일 월드컵에서 우승을 차지한 뒤
2006년 독일 월드컵에서 8강에서 탈락하는 충격적인(?)
결과를 얻은 브라질은 명예 회복을 노리며 4강 이상의 성적을
기대했다. 하지만 선수단의 무게는 시간과 바람에 밀려
가벼워지고 있었다. 브라질의 황금세대를 대표했던 호나우두,
호나우지뉴, 주니뉴, 카푸, 디다 등이 대표팀에서 물러났다.
카카, 호비뉴, 마이콘, 줄리우 밥티스타 등이 있었지만
브라질이라는 이름값에 비해 전력은 그다지 좋지 않았다.
당시 월드컵을 앞두고 브라질 국민들은 네이마르의 이름을
외쳤다. 산투스에서 등장한 샛별 네이마르를 브라질 대표팀에
차출해 월드컵에 데려가야 한다는 것이었다. 열여덟 살의
어린 네이마르는 2010 코파 두 브라질(브라질 FA컵)에서
11골을 넣으며 득점왕과 함께 팀의 우승을 이끌었고, 2010
캄페오나토 파울리스타(브라질 상파울루주 프로 축구
리그)에서 14골로 득점 3위를 기록하며 팀에 우승을 선물했다.
특히 코파 두 브라질 결승전에서는 결승골을 기록하며 팀을
우승으로 이끌었다. 웨스트햄 유나이티드, 첼시 등 다양한
유럽 구단들이 영입을 제안할 정도로 잠재력은 확실했다.
네이마르는 브라질 대표팀의 영롱한 노란색 유니폼을 입을
자격이 있어 보였다.

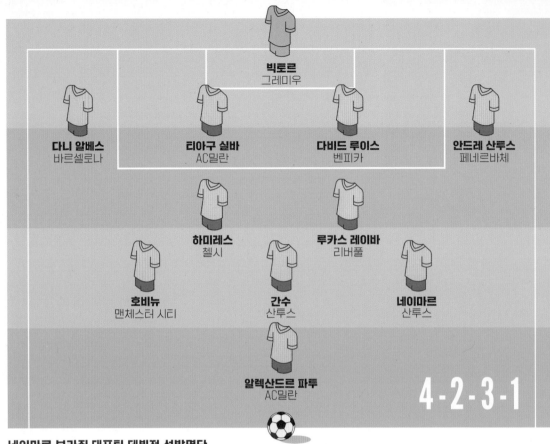

네이마르 브라질 대표팀 데뷔전 선발명단

빅토르
그레미우

다니 알베스
바르셀로나

티아구 실바
AC밀란

다비드 루이스
벤피카

안드레 산투스
페네르바체

하미레스
첼시

루카스 레이바
리버풀

호비뉴
맨체스터 시티

간수
산투스

네이마르
산투스

알렉산드르 파투
AC밀란

4 - 2 - 3 - 1

하지만 당시 브라질 대표팀을 이끌었던 둥가 감독은 네이마르를 철저히 외면했다. 이에 브라질 국민들은 네이마르가 대표팀에 가야 한다는 국민 청원을 하기도 했다. 당시 무려 1만 4천 명이 넘는 브라질 국민들이 네이마르의 대표팀 차출을 위해 서명을 했다. 브라질이라는 나라가 얼마나 축구에 진심인지 알 수 있는 모습이다. 많은 사람은 네이마르가 브라질의 성공을 이끌 수 있는 새로운 스타라고 생각했다. 브라질의 축구 황제 펠레, 호마리우 등 많은 스타도 네이마르의 차출을 기대했다. 그러나 둥가 감독은 냉정했다. 그는 네이마르에 대해 그저 '재능이 있는 선수' 정도로 평가했고 월드컵에 데려가지 않았다. 네이마르의 대표팀 차출 청원도 별다른 효과를 거두지 못했다. 둥가 감독은 자신의 고집대로 스물세 명의 선수를 선택해 남아공 월드컵에 출전했다. 시작은 좋았다. 브라질은 포르투갈, 코트디부아르, 북한과 함께 G조에 속했는데 여기서는 2승 1무의 성적을 거두며 조 1위로 16강 진출에 성공했다. 16강에서는 칠레에 3-0 완승을 거두며 무난히 8강에 올랐다. 8강에서 만난 상대는 오렌지 군단 네덜란드였다. 당시 네덜란드는 로빈 판 페르시, 웨슬리 스네이더르, 아르언 로번, 마르크 판 봄멜, 클라스 얀 훈텔라르 등 세계 축구를 주도하는 선수들이 가득했다. 결과는 2-1 네덜란드의 승리. 브라질은 또다시 8강에서 탈락했다. 네이마르를 데려가지 않은 둥가 감독은 성적 부진으로 경질됐다. 네이마르 한 명의 유무로 대회 결과가 크게 바뀔 수 있었다고 확신할 수 없었지만, 둥가 감독은 브라질 국민들을 만족시키지 못한 선수 선발과 월드컵 성적 부진이 겹치며 많은 비판을 받게 됐다. 역사에 가정은 없지만 네이마르가 이 대회에 참가했다면 브라질의 축구 역사는 또 어떻게 바뀌었을까.

2010년 당시 네이마르를 발탁하지 않은 선택은 옳지도 않았고, 틀리지도 않았습니다.

그는 12월까지 산투스에서 교체로 뛰던 선수였습니다.

1월부터 선발로 뛰기 시작했고 3월은 우리가 월드컵 명단을 발표하기 전 마지막 경기죠.

브라질 축구 역사에서 자주 본 모습은 몇 경기밖에 출전하지 못한 선수들이 월드컵에선 기대에 부응하지

못했다는 것이었습니다. 1966년에는 1970년보다 더 뛰어난 선수들이 있었지만 경험이 없었습니다.

그리고 1966년 형편 없는 성적을 거뒀습니다. 우리는 그걸 토대로 결정을 내렸습니다.

이제 우리는 달라진 네이마르를 보고 있습니다.

그는 브라질 대표팀에서 가장 유명한 선수이고, 지금이 그의 순간입니다.

그는 유럽에서 뛰고 있고, 그가 월드컵 우승에 큰 도움이 되길 바랍니다.

저는 그에게 큰 기대를 걸고 있습니다.

— 2014년 브라질 월드컵을 앞둔 둥가 감독

네이마르는 월드컵이 끝난 후인 2010년 7월 26일 처음으로 브라질 A대표팀 명단에 포함됐다. 둥가 감독의 후임으로 브라질 대표팀 지휘봉을 잡은 마노 메제네스 감독은 주저하지 않고 네이마르를 발탁했다. 네이마르는 8월 10일 미국 뉴저지 메트라이프 스타디움에서 열린 미국과 친선 경기에서 데뷔전을 치렀다. 등번호 11번을 달고 경기장에 나선 열여덟 살 네이마르는 많은 팬들의 기대를 받았다. 왼쪽 윙포워드로 출전한 네이마르는 경기 초반부터 위협적인 모습을 보여줬다. 데뷔전이었지만 전혀 긴장하지 않고 오히려 경기를 즐기는 모습이었다. 네이마르의 화려한 드리블과 개인기에 미국 선수들은 당황했고, 브라질 팬들은 환호했다. 결국 전반 27분 네이마르의 데뷔골이 터졌다. 왼쪽 측면에서 올라온 안드레 산투스의 크로스를 깔끔한 헤더로 해결하며 골망을 흔들었다. 데뷔전 데뷔골에 성공한 네이마르는 곧바로 하늘로 손을 뻗는 세리머니를 하며 새로운 역사의 출발을 알렸다.

이후에는 골을 도운 안드레 산투스와 유쾌한 댄스를 추며 데뷔골의 기쁨을
표현했다. 네이마르의 활약은 끝이 아니었다. 시종일관 위협적인 돌파로
찬스를 만들었다. 후반 15분에는 환상적인 헛다리 개인기로 수비를 제친 후
강력한 슈팅으로 골문을 두드렸다. 비록 득점으로 이어지진 못했지만 바로
옆에 있던 호비뉴가 그 자리에서 박수를 보낼 정도로 강한 인상을 남겼다.
후반 26분 네이마르는 뜨거운 박수를 받으며 벤치로 물러났다. 브라질의
미래를 이끌 새로운 스타의 탄생이었다. 네이마르는 브라질 현지 언론들의
엄청난 평가를 받으며 화려하게 대표팀 생활을 시작했다.

02

브라질 월드컵
그리고 척추 골절

성공적인 데뷔전을 치른 네이마르는 곧바로 브라질의 핵심 선수로 성장했다.
네이마르가 브라질 대표팀 유니폼을 입고 치른 첫 번째 메이저 대회는
아르헨티나에서 열린 2011년 코파 아메리카였다. 코파 아메리카는 남미축구연맹이
주관하는 남미 대륙 최고의 국가 대항전 대회다. 유럽에는 유로컵, 아시아에는
아시안컵, 남미에는 코파 아메리카가 있다. 베네수엘라에서 열린 2007년 대회에서
우승을 차지한 디펜딩 챔피언 브라질은 이번 대회에서도 좋은 성적을 기대했다.
브라질은 베네수엘라, 파라과이, 에콰도르와 함께 B조에 속했다. 브라질은
실망스러운 모습을 보여줬다. 조별리그 1차전에서 베네수엘라와 0-0으로 비겼고,
2차전에서는 파라과이와 2-2로 비겼다. 2경기 연속 무승부를 거두자 브라질 팬들은
크게 분노했다. 네이마르도 팬들의 비판에서 자유로울 수 없었다. 2경기 모두
선발로 나섰고 베네수엘라전은 풀타임, 파라과이전은 81분을 소화했기 때문이다.
네이마르는 실망스러웠다. 공격 포인트를 기록하지 못했고, 경기력도 그다지 좋지
못했다. 베네수엘라전에서는 경기 최우수 선수로 선정되긴 했지만, 브라질 입장에서
무승부는 패배와 같았다. 위기에 빠진 브라질은 마지막 3차전 에콰도르전에서 힘을
냈다. 이때 빛난 선수가 네이마르다. 선발로 나선 네이마르는 후반 3분과 후반
26분에 2골을 터뜨리며 팀의 4-2 승리를 이끌었다. 네이마르의 활약으로 브라질은
간신히 8강 진출에 성공했다. 그러나 브라질의 행운은 여기까지였다. 조별리그
2차전에서 만났던 파라과이와 녹아웃 스테이지에서 다시 맞붙었는데 120분
혈투에도 골이 나오지 않았다. 결국 경기는 승부차기로 이어졌다. 여기서 브라질은
일라누, 티아구 실바, 안드레 산투스, 프레드가 모두 실축을 하는 어처구니없는
모습으로 탈락했다. 네이마르의 첫 대회는 실패로 끝났다.

네이마르는 실망하지 않았다. 2014년 FIFA 월드컵이
브라질에서 열리기 때문이었다. 이 대회에서 우승을
차지한다면 모든 실패는 찬란한 성공을 위한 과정으로
기억될 것이다. 그 시작은 2014년 브라질 월드컵을
1년 앞두고 열린 FIFA 컨페더레이션스컵이었다.
컨페더레이션스컵은 미리 보는 월드컵이다. 대륙별
대회 우승팀들이 참가하고 월드컵 개최국까지 총
8개 팀이 미니 월드컵을 진행한다고 보면 된다.
대회를 앞둔 브라질의 상황은 그리 좋지 않았다. 마노
메네제스 감독이 경질된 후 루이스 펠리페 스콜라리
감독이 팀을 갑자기 이끌어 분위기는 뒤숭숭했다.
당시 브라질의 FIFA 랭킹은 22위까지 떨어져 있었다.
브라질 축구 역사상 최악의 순위다. 과거의 영광은 이미
사라졌고, 브라질이라는 이름값도 더 이상 존재하지
않았다. 자국에서 열리는 월드컵 그리고 1년 전
열리는 컨페더레이션스컵에서 브라질은 반드시 좋은
성적을 거둬 국민들에게 희망과 기쁨을 줘야 했다. 이
대회에서 네이마르는 등번호를 11번에서 10번으로
바꿨다. 책임감과 부담감이 모두 더해졌다. 스물한 살
네이마르는 이 대회에서 자신이 브라질의 차세대 축구
황제가 될 자격이 있다는 걸 제대로 증명해야 했다.
브라질은 유로 준우승 이탈리아(UEFA 유로 2012
준우승), 북중미 챔피언 멕시코(2011년 CONCACAF
골드컵 우승), 아시아 챔피언 일본(2011년 AFC
아시안컵 우승)과 함께 A조에 속했다. 스페인이 2010년
FIFA 남아공 월드컵과 유로 2012에서 모두 우승을
차지해 준우승팀인 이탈리아가 출전했다. 첫 경기
상대는 일본이었다. 네이마르는 선발로 출전했고,
전반 3분 만에 득점을 터뜨렸다. 마르셀로의 크로스를
프레드가 가슴으로 떨어트렸고, 이를 네이마르가 환상적인
발리슛으로 해결하며 경기장을 뜨겁게 만들었다. 그야말로
원더골이었다. 브라질은 파울리뉴, 조의 득점을 더해 3-0
완승을 거뒀고 네이마르는 경기 최우수 선수로 선정됐다.
2차전 상대는 멕시코였다. 이 경기에서도 네이마르의
마법은 이어졌다. 전반 8분 다니 알베스의 크로스를
수비가 불안하게 걷어내자 떨어지는 공을 논스톱 슈팅으로
마무리하며 골망을 흔들었다. 네이마르의 득점이 터진 후
FIFA TV 해설은 약 10초 동안 아무런 말을 하지 못했다.
네이마르의 환상적인 마무리에 할 말을 잃은 것이다.
이후 조의 골이 더해져 브라질은 2-0 승리를 기록했다.

이번에도 경기 최우수 선수는 네이마르였다. 3차전은
난적 이탈리아였다. 이 경기에서도 네이마르는 날카로운
슈팅으로 득점을 만들었다. 후반 10분 페널티박스 왼쪽에서
얻은 프리킥을 정확한 슈팅으로 마무리했다. 세계 최고의
골키퍼 잔루이지 부폰도 제대로 손을 뻗지 못할 만큼
슈팅은 정교하고 매서웠다. 이 경기에서 브라질은 4-2로
승리를 거뒀고, 네이마르는 또다시 경기 최우수 선수로
선정됐다. 조별리그 3경기에서 모두 최우수 선수를
차지했다. 4강에서 만난 상대는 우루과이였다. 경기는 쉽지
않았다. 네이마르는 전반 41분 오프사이드 라인을 뚫고
스루패스를 받아 간결한 슈팅을 날렸다. 이를 페르난도

무슬레라 골키퍼가 불안하게 걷어냈고 쇄도하던 프레드가 마무리했다. 네이마르의 영리한 움직임이 만든 득점이었다. 이후 에딘손 카바니에게 동점골을 허용했지만, 후반 막판 파울리뉴의 헤더골로 결승 진출에 성공했다. 결승전 상대는 당시 세계 최강의 팀 무적함대 스페인이었다. 많은 전문가는 스페인의 무난한 승리를 예상했다. 하지만 네이마르는 이들의 콧대를 보기 좋게 꺾었다. 전반 44분 오스카의 패스를 받은 후 강력한 왼발 슈팅으로 이케르 카시야스가 지키고 있는 스페인의 골문을 열었다. 끝이 아니었다. 후반 2분 네이마르는 중원에서 전해진 패스를 재치 있게 흘렸고 이를 받은 프레드가 쐐기골을 터뜨렸다.

후반 23분 역습 상황에서 네이마르는 순간적인 돌파를 시도했는데 헤라드 피케는 파울로 이를 끊어 퇴장당했다. 네이마르는 경기 전체에 엄청난 영향력을 미치며 브라질의 우승을 이끌었다. 결승전 최우수 선수 역시 네이마르에게 주어졌다. 네이마르는 대회 최우수 선수가 받는 골든볼을 수상했다. 중요한 경기마다 득점을 터뜨리며 팀을 승리로 이끌었고, 가장 중요한 결승전에서 완벽한 플레이를 펼치며 우승 트로피를 들었다. 브라질의 명성이 회복된 순간이었다. 자연스럽게 많은 브라질 국민은 1년 뒤 자국에서 열리는 월드컵 우승을 기대하게 됐다. 그들에게는 차세대 축구 황제 네이마르가 있었기 때문이다.

많은 팬들의 기대를 받으며 2014년 FIFA 브라질 월드컵이 개막했다. 개최국 브라질은 크로아티아, 멕시코, 카메룬과 함께 A조에 속했다. 쉽지 않은 조 편성이었다. 하지만 네이마르는 첫 경기부터 경기장을 가득 채운 브라질 국민들을 환호하게 만들었다. 크로아티아전에서 전반 29분 예리한 왼발 중거리 슈팅으로 동점골을 기록하더니 후반 26분에는 프레드가 얻어낸 페널티킥을 성공시키며 경기를 뒤집었다. 이후 브라질은 오스카의 추가골까지 더해 3-1 승리를 기록했다. 네이마르는 이 경기의 최우수 선수로 선정됐다. 우승을 노리는 브라질에는 완벽한 출발이었다. 짜릿한 역전승과 함께 핵심 선수인 네이마르의 맹활약으로 브라질은 우승 후보로 평가받았다. 2차전은 난적 멕시코였다. 그런데 이 경기에서 0-0 무승부가 나왔다. 네이마르는 3개의 슈팅(유효슈팅 2개), 키패스 4개를 기록하며 맹활약을 펼쳤지만 야신 모드를 발동한 길레르모 오초아 골키퍼에게 모두 막히며 무승부로 경기를 마쳤다. 브라질의 유효슈팅 8개 모두 오초아 선방에 막혔다. 그날의 오초아는 누구도 뚫을 수 없었다. 3차전은 카메룬이었다.

브라질은 탈락이 확정된 카메룬을 상대로 맹공을 펼쳤다. 그 선봉에는 네이마르가 있었다. 전반 17분 네이마르는 루이스 구스타보의 측면 크로스를 간결하게 해결하며 선제골을 터뜨렸다. 끝이 아니었다. 전반 35분에는 마법 같은 드리블로 수비수들을 멍하게 만들었고 정확한 슈팅으로 경기를 2-1로 만들었다. 골이 필요한 순간마다 네이마르는 번뜩였다. 브라질은 네이마르의 멀티골에 힘입어 4-1로 승리를 거뒀다. 경기 최우수 선수는 역시 네이마르였다. 2승 1무 조 1위로 16강에 오른 브라질은 칠레를 만났다. 칠레는 만만치 않은 상대였다. 경기 초반부터 칠레는 브라질의 핵심 선수인 네이마르를 거칠게 마크했다. 네이마르가 드리블을 시작하면 두세 명의 선수가 바짝 달라붙어 파울로 막았다. 네이마르가 막히자, 브라질의 공격은 답답했다. 선발로 나선 프레드와 교체로 들어온 조는 답답한 결정력을 보여주며 경기를 어렵게 만들었다. 경기는 90분을 넘어 연장전에서도 승자를 결정짓지 못했다. 결국 운명의 승부차기가 시작됐다. 네이마르는 2-2로 팽팽한 상황, 다섯 번째 키커로 나서 대담하게 골을

성공시켰다. 칠레의 마지막 키커 곤살로 하라의 슈팅이
오른쪽 골대에 맞고 나오며 브라질의 8강 진출이 가까스로
확정됐다. 경기를 마친 네이마르는 눈물을 펑펑 흘리며
자리에 주저앉았다. 네이마르는 세계적인 스타였지만
동시에 스물두 살 청년이었다. 그의 작은 어깨에 얼마나 큰
부담감이 있는지 알 수 있는 모습이었다.

8강에서 상대한 팀은 우루과이를 꺾고 올라온
콜롬비아였다. 콜롬비아에는 월드컵 스타 하메스
로드리게스가 버티고 있었다. 경기는 예상대로 쉽지
않았다. 전반 7분 네이마르의 코너킥을 티아구 실바가
해결하며 브라질이 리드를 잡았다. 콜롬비아는 거칠게
동점골을 노렸다. 네이마르는 이번에도 집중 견제를
받았다. 네이마르가 드리블을 시도하면 몸통 박치기를
하며 필사적으로 막았다. 네이마르가 견제받는 사이 다른
선수들이 득점을 터뜨렸다. 후반 24분에는 다비드 루이스가
꽤 먼거리에서 그림 같은 무회전 프리킥으로 추가골을
기록했다. 루이스는 포효하며 브라질 팬들 앞으로 달려갔다.
브라질이 이번 대회에서 가장 강력한 우승 후보라는 걸

보여주는 장면이었다. 위기도 있었다. 후반 32분 줄리우
세자르 골키퍼가 파울을 범했고 하메스에게 페널티킥
실점을 허용했다. 경기는 2-1, 남은 시간은 추가시간까지
더하면 15분 정도가 남았다. 콜롬비아는 맹공을 퍼부으며
브라질 국민들의 간담을 서늘케 했다. 그리고 후반 40분
브라질 국민들을 경악하게 만드는 사건이 발생했다.
브라질의 역습 상황에서 네이마르가 공을 잡는 순간, 후안
카밀로 수니가가 무릎으로 허리를 가격하여 네이마르는
자리에 곧바로 쓰러졌다. 네이마르는 극심한 통증을
호소했고 눈물까지 흘리며 엔리케와 교체됐다. 처음에는
단순한 타박상으로 보였으나 경기가 끝난 후 진단 결과가
나오자, 브라질은 충격에 빠졌다. 척추 골절 부상이었다.
3번 척추가 골절됐는데 부상 부위가 조금만 더 위로
올라갔다면 선수 생명은 물론 걷는 것 자체를 할 수 없을
정도로 치명적인 부상이 될 수 있었다. 네이마르는 곧바로
병원에 입원했고, 남은 월드컵 경기를 뛰지 못하게 됐다.
브라질의 희망인 네이마르가 이탈하자 브라질 국민들은
실망을 넘어 분노했다. 지우마 호세프 브라질 대통령은

브라질과 콜롬비아의 경기에서 네이마르가 당한 슬픈 부상에 대해
가슴 깊이 후회합니다. 이런 상황이 경기에서 정상적인 부분이라고 생각하지만,
상처를 주려는 의도나 악의는 전혀 없었습니다. 네이마르와 연락하고 싶습니다.
난 그를 존경하고 존중하며 세계 최고의 선수 중 하나로 생각합니다.
빨리 회복하고 경기에 복귀하길 바랍니다. 제가 프로 선수로서 12년 동안
추구해 온 미덕이 가득한 이 스포츠를 통해 그를 응원하고 싶습니다.

_ 후안 카밀로 수니가

네이마르가 부상으로 대표팀에서 낙마하자 서한을 보내 위로의 말을 전했다.
그녀는 "브라질 대표팀은 재능, 결단력, 투지 그리고 도전을 극복할 수 있는 능력을
또다시 보여줬습니다. 이는 우리가 사랑하는 네이마르의 부상으로 인한 큰 손실을
극복하는 데 큰 도움이 될 것입니다. 브라질의 모든 사람은 이미 승리를 거뒀다고
느낍니다. 왜냐하면 우리는 월드컵을 개최하고 있고, 가장 아름답고 흔들리지 않는
팀을 갖고 있기 때문입니다."라고 전했다. 네이마르의 부상은 마피아의 충돌로도
이어졌다. 브라질의 한 거대 마피아 조직은 수니가를 살해하겠다는 협박을 했고,
콜롬비아 최대 마피아 조직이 나서 그렇게 할 경우 브라질 대표팀은 물론 그들의
가족까지 모두 살해하겠다는 살벌한 경고로 대응했다. 수니가는 '신이시여. 저를
보호해 주소서'라는 글을 자신의 SNS에 남길 정도로 극도의 불안함을 느꼈다. 결국
콜롬비아 정부가 직접 나서 수니가를 보호하겠다는 발표를 하며 사건은 일단락됐다.
네이마르의 이탈은 브라질의 추락으로 이어졌다. 브라질은 4강에서 전차 군단
독일을 상대했다. 브라질은 공격의 핵심 네이마르가 부상으로 이탈했고, 수비의
핵심 티아구 실바가 경고 누적으로 나오지 못했다. 브라질 축구 역사상 최악의
비극은 이렇게 시작됐다. 전반 10분 토마스 뮐러에게 선제골을 내준 브라질은
전반 22분 미로슬라프 클로제, 전반 24분과 25분 토니 크로스, 전반 28분 사미
케디라에게 충격적인 연속골을 허용하며 전반을 0-5로 마쳤다. 경기가 열린
미네이랑 스타디움은 무서울 정도로 고요했다. 후반에도 독일 전차의 전진은 멈추지
않았다. 후반 23분과 33분 안드레 쉬를레의 멀티골이 터졌다. 후반 막판 오스카의
만회골이 나왔지만, 경기는 1-7 역사적인 참패로 끝났다. 미네이랑의 비극이었다.
경기장은 눈물을 흘리는 팬들로 가득했다. 우승을 기대했던 브라질은 충격적인
결과로 허무하게 대회를 마쳤다. 브라질은 3위 결정전에서 네덜란드를 상대로
0-3 패배를 당하며 마지막까지 실망스러운 모습으로 퇴장했다. 부상으로 대회를
마친 네이마르는 5경기 4골 1도움이라는 성적으로 자신의 첫 월드컵을 끝냈다.
네이마르가 브라질 대표팀에 얼마나 중요한 선수인지 전 세계가 확인한 대회였다.
브라질 대표팀은 실망스러운 성적을 거뒀으나 네이마르 개인으로서는 세계적인
선수로 거듭난 대회였다. 이때 활약으로 네이마르는 메시와 호날두를 이을 차세대
축구의 신으로 평가받았다. 많은 사람들은 네이마르가 축구의 신들의 뒤를 이어
발롱도르를 들 선수라고 믿었다.

금메달리스트
네이마르

100% JESUS

축구 선수들에게 꿈의 무대는 FIFA 월드컵이다. 위대한 영웅들은 월드컵에서 등장했고, 역사에 이름을
남겼다. 네이마르의 첫 번째 월드컵은 대실패였다. 브라질 국민들의 엄청난 기대를 받았지만, 자국에서 열린
월드컵은 미네이랑 비극과 함께 악몽으로 끝났다. 하지만 네이마르에게 또 다른 기회가 찾아오고 있었다.
2016년 리우데자네이루에서 열리는 하계 올림픽이었다. 올림픽 역사상 최초로 남미 대륙에서 열린 대회였다.
네이마르는 자국에서 열리는 올림픽 출전을 간절히 원했다. 당시 소속팀이었던 바르셀로나는 네이마르에게
선택권을 줬다. 미국에서 열리는 코파 아메리카 센테나리오(6/3-6/26) 그리고 리우 올림픽(8/3-8/20)
중 하나의 대회만 참가하라는 것이었다. 두 대회 모두 FIFA 주관 대회가 아니라 브라질축구협회는 선수를
의무적으로 차출할 수 있는 권리가 없다. 네이마르가 2개 대회에 모두 나서는 것은 소속팀 바르셀로나
입장에서는 부담이었다. 네이마르의 선택은 예상대로 리우 올림픽이었다. 네이마르는 베테랑 골키퍼
웨베르통, 베이징 궈안에서 뛰던 헤나투 아우구스투와 함께 와일드카드로 리우 올림픽에 참가했다.

사실 네이마르의 올림픽 출전은 이번이 처음은
아니었다. 첫 올림픽은 2012년 런던 올림픽이었다. 당시
브라질 산투스 소속이었던 네이마르는 헤어밴드를 하고
코에 밴드를 붙인 채 등장했는데 지금처럼 세계적인
선수는 아니었다. 유튜브 영상 속에서 화려한 개인기로
축구 팬들 사이에서 주목을 받긴 했으나 콧대 높은 유럽
축구계에는 '유튜브 스타'라는 별명으로 네이마르의
가치를 평가절하했다. 네이마르에게 런던 올림픽은
축구의 중심이라고 자부하는 영국에서 자신의 가치를
보여줄 수 있는 중요한 대회였다. 당시 브라질의 소집
명단은 화려했다. 네이마르를 비롯해 안렉산드르 파투,
헐크, 루카스 모우라, 간수, 오스카, 마르셀루, 티아구
실바 등 A대표팀 선수들이 대거 합류했다. 브라질은
이집트, 벨라루스, 뉴질랜드와 함께 C조에 속했다. 다른
조에 비해 수월한 조 편성이었다. 경기도 예상대로
무난했다. 브라질은 첫 경기에서 이집트에 3-2
승리를 거뒀다. 당시 네이마르는 결승골을 터뜨리며
팀을 승리로 이끌었다. 당시 이집트에는 모하메드
살라가 뛰고 있었는데 경기를 2-2로 만드는 동점골을
기록했다. 물론 네이마르의 골로 경기는 브라질의
승리로 끝났다. 2차전 벨라루스전은 더 일방적이었다.
전반 8분 브라질 귀화 선수 헤낭 브레상에게 선제골을
허용했지만, 전반 15분 파투, 후반 20분 네이마르, 후반
추가시간 오스카의 골로 완벽한 역전승을 거뒀다. 이
경기에서도 네이마르는 결승골을 넣으며 팀에 승리를
선물했다. 8강 진출을 확정 지은 브라질은 3차전에서
뉴질랜드에 3-0 압승을 거뒀다. 브라질은 8강에서
온두라스를 상대했다. 경기는 쉽지 않았다. 선제골도
온두라스에서 나왔다. 전반 12분 마리오 마르티네스가
득점을 기록하며 브라질을 몰아붙였다. 전반 38분
레안드로 다미앙의 동점골이 나왔지만 후반 3분 로저
에스피노사의 추가골이 나오며 다시 온두라스가
앞서나갔다. 하지만 후반 5분 다미앙이 얻어낸 페널티킥을
네이마르가 침착하게 해결하며 경기를 원점으로 돌렸다.
이후 후반 15분 다미앙의 결승골이 나오며 브라질은 간신히
4강 진출에 성공했다. 온두라스전에서 네이마르는 헐리웃
액션 논란에 휘말리기도 했다. 온두라스 수비수 크리산투와
살짝 충돌했는데 극심한 통증을 호소했고, 넘어지면서
무려 두 바퀴를 돌았다. 네이마르의 화려한 액션에 속은
주심은 크리산투에게 레드카드를 꺼냈다. 4강에서 만난

상대는 개최국 영국을 꺾고 올라온 돌풍의 팀 한국이었다.
브라질과 한국의 전력 차는 생각보다 컸다. 절정의 폼을
보여주던 지동원이 고군분투했지만, 한국의 득점은 나오지
않았다. 브라질은 전반 38분 호물루의 선제골로 앞서갔고
후반 12분, 19분 다미앙의 연속골로 3-0 완승을 기록했다.
네이마르는 1개 도움과 함께 모든 골에 관여하는 엄청난
영향력을 보여줬다. 영국 축구의 성지 웸블리 스타디움에서
결승전이 열렸다. 상대는 일본을 꺾고 올라온 멕시코였다.

브라질은 경기 시작을 알리는 휘슬이 울리고 39초 만에 실점을 허용했다. 수비진의 패스 미스를 놓치지 않고 오리베 페랄타가 정확한 슈팅으로 골망을 흔들었다. 브라질은 당황하기 시작했다. 조직적으로 단단한 모습을 보여준 멕시코는 흔들리지 않았다. 후반 30분 프리킥 상황 페랄타의 헤더 추가골이 나오자, 브라질은 와르르 무너지기 시작했다. 후반 추가시간 헐크의 만회골이 나왔지만, 경기를 뒤집기에는 역부족이었다. 경기 종료를 알리는

휘슬이 울리자, 네이마르는 자리에 주저앉아 멍하니 경기장 잔디를 바라봤다. 올림픽 최초 금메달에 도전했던 브라질의 도전은 바로 앞에서 좌절됐다. 월드컵에서는 5번이나 우승 트로피를 든 최다 우승국이지만 올림픽 무대에서는 금메달이 따르지 않았다. 브라질 선수들은 은메달을 목에 걸고 고개를 숙였다.

그리고 4년 뒤 2016년 브라질 리우에서 올림픽이 열렸다. 2014년 브라질 월드컵의 악몽을 잊을 수 있는 좋은 기회였다. 개최국 브라질은 남아프리카공화국, 이라크, 덴마크와 함께 A조에 속했다. 조 편성은 나쁘지 않았다. 브라질이 가장 압도적이었고 나머지 세 팀의 전력은 비슷했다. 네이마르는 주장 완장을 차고 브라질 올림픽 대표팀을 이끌었다. 첫 경기 상대는 남아공이었다. 가벼운 승리가 예상됐으나 경기는 이상한 방향으로 흘렀다. 네이마르에게 집중된 공격 루트는 단조로운 패턴으로 이어졌다. 두세 명의 수비수들이 네이마르를 집중 마크하며 경기는 답답하게 진행됐다. 후반 14분에는 남아공 공격수 음발라 모토비가 경고 누적으로 퇴장을 당해 수적 우위를 점했음에도 골은 나오지 않았다. 네이마르는 이 경기에서 6개의 슈팅을 시도했지만, 경기는 0-0 무승부로 끝났다. 2차전은 이라크였다. 이번 경기에서도 브라질의 승리가 예상됐으나 뚜껑을 열어보니 완전히 다른 경기가 펼쳐졌다. 이라크는 경기 초반부터 수비 중심의 경기를 운영했다. 중동 특유의 침대 축구가 나오며 브라질은 점점 더 늪으로 빠져들어 갔다. 네이마르가 자신의 기량을 보여주지 못하자 브라질 전체가 침체되는 문제가 또다시 나왔다. 확실한 해결사가 없는 브라질은 무기력한 모습이었다. 결국 브라질은 득점을 기록하지 못하며 0-0 무승부를 거뒀다. 충격적인 결과였다. 1972년 이후 올림픽 첫 두 경기에서 무득점을 기록하는 불명예를 쓰게 됐다. 우승 후보 1순위 브라질은 이제는 조별리그 탈락을 걱정해야 하는 신세가 됐다. 마지막 3차전에서 덴마크를 잡지 못한다면 브라질은 또다시 비극을 맞이하게 됐다. 벼랑 끝으로 몰린 브라질은 중요한 순간 힘을 냈다. 경기 초반부터 적극적으로 공격을

시도한 브라질은 전반 26분 가브리엘 바르보자가 선제골을 기록했다.
예열이 끝난 브라질은 앞으로 질주하기 시작했다. 전반 40분에는
가브리엘 제수스가 가벼운 마무리로 추가골을 넣었다. 이후 후반 5분
루앙, 후반 35분 바르보자의 골이 나오며 브라질은 가까스로 8강 진출에
성공했다. 네이마르는 골을 기록하지는 못했지만, 1개 도움을 포함해
경기 내내 위협적인 드리블로 덴마크 수비진을 무너뜨렸다.
8강에 오른 브라질은 콜롬비아를 상대했다. 네이마르는 이번 경기에서도
집중 마크 대상이었다. 하지만 이번에는 달랐다. 네이마르는 경기
초반 득점을 터뜨렸다. 전반 12분 본인이 얻어낸 프리킥에서 예리한
슈팅으로 득점을 기록했다. 거리가 꽤 멀었지만, 네이마르의 슈팅은
자석처럼 골문으로 들어갔다. 경기는 상당히 거칠었다. 양 팀 선수들은
거친 파울을 주고받았고 전반 막판에는 네이마르의 반칙을 시작으로
집단 난투극이 벌어지기도 했다. 경기는 후반 38분 루앙의 중거리
득점이 터지면서 브라질의 승리로 끝났다. 브라질은 한국을 꺾고
올라온 온두라스와 4강에서 만났다. 이 경기의 주인공은 네이마르였다.
네이마르는 경기 시작 14초 만에 득점을 터뜨렸다. 온두라스 수비수
팔라시오스의 실책을 놓치지 않았고 골키퍼와 일대일 상황에서
행운의 골을 넣었다. 경기는 압도적이었다. 전반 25분 네이마르의
날카로운 패스를 받은 제수스가 추가골을 넣었고 이어 전반 34분
또다시 네이마르의 킬패스를 제수스가 해결했다. 온두라스는 와르르

무너졌다. 후반 6분 마르키뇨스, 후반 24분 루앙 그리고
후반 추가시간 네이마르의 골이 나오며 브라질이
6-0 대승을 거뒀다. 브라질은 결승에 오른 것도 좋은
일이었지만 주장 네이마르가 완벽하게 살아났다는
것이 더 중요한 부분이었다. 네이마르는 2골 2도움으로
이번 경기에서 가장 빛났다. 결승에는 운명의 장난처럼
독일을 상대하게 됐다. 2년 전 브라질 월드컵에서
미네이랑의 비극을 안긴 바로 그 독일이었다. 이 경기는
브라질 입장에서 상당히 동기부여가 큰 경기였지만
동시에 부담도 큰 경기였다. 이번 경기에서 또 독일에
무기력하게 패배한다면 브라질의 축구 역사상 최악의
치욕이 될 수도 있는 상황이었다. 경기는 엄중한 분위기
속에서 시작됐다. 경기 전 네이마르는 브라질의 국가를
크게 부르며 가슴에 달린 브라질 국기 위에 손을
올렸다. 경기장을 가득 채운 브라질 국민들의 노란
물결은 선수들에게 힘을 실어줬다. 경기는 역시 쉽지
않았다. 세르지 그나브리, 율리안 브란트, 라스 벤더 등
수준급 선수들이 선발로 나선 독일은 매서운 경기력을
보여줬다. 이때 등장한 선수가 바로 네이마르다. 전반
27분 환상적인 프리킥으로 선제골을 터뜨리며 경기장을
뜨겁게 만들었다. 네이마르의 슈팅은 골대를 맞고 그대로
라인을 통과했다. 티모 호른 골키퍼가 막을 수 없는
슈팅이었다. 독일도 가만히 있지 않았다. 후반 13분 막스
마이어가 페널티박스 안에서 논스톱 슈팅으로 경기를
1-1로 만들었다. 양 팀 선수들은 조심스럽게 경기를
운영했다. 결국 90분 동안 승부를 결정짓지 못했고,
연장 혈투에서도 골은 나오지 않았다. 결국 운명의
승부차기가 시작됐다. 양 팀 키커들은 정확한 슈팅으로
연이어 득점에 성공했다. 4-4로 팽팽한 상황, 독일의 다섯
번째 키커 닐스 페테르센이 등장했다. 그는 오른쪽으로
슈팅을 날렸는데 웨베르통 골키퍼 선방에 막혔다.
경기장은 환호로 가득했다. 그리고 마지막에 등장한
선수가 바로 네이마르였다. 네이마르는 오른쪽 구석으로
슈팅을 날렸고 독일의 골망이 출렁였다. 금메달이었다.
네이마르는 기뻐하기는커녕 자리에 주저앉아 뜨거운
눈물을 흘렸다. 주장이자 슈퍼스타로서 그가 얼마나
큰 부담감을 안고 이번 대회에 임했는지 알 수 있는
모습이었다. 사상 첫 올림픽 금메달은 브라질에는 단순한
메달 그 이상이었다. 축구를 대표하는 나라로서 처참하게
무너진 자존심을 다시 일으킬 수 있는 힘을 얻었다.

이제 끝났습니다.
우리가 역사를 만들었습니다.
더 이상 할 말이 없습니다.
지금 제 심정을 말로 다 표현할 수 없습니다.
가장 힘든 순간 제 옆에 있어 준 팀원들, 친구들,
가족들에게 감사하다는 말을 전하고 싶습니다.
정말 쉽지 않았습니다.
다른 건 모르겠습니다.
정말 행복합니다.

—리우 올림픽 결승전이 끝난 후 네이마르

GOALS

브라질 대표팀 역대 득점 순위

		경기	골	경기당 골
1	**네이마르** *2010 –*	126	79	0.63
2	**펠레** *1957 – 1971*	92	77	0.83
3	**호나우두** *1994 – 2011*	98	62	0.62
4	**호마리우** *1987 – 2005*	70	55	0.79
5	**지쿠** *1976 – 1986*	71	48	0.68
6	**베베투** *1985 – 1998*	75	39	0.52
7	**히바우두** *1993 – 2003*	74	35	0.47
8	**자이르지뉴** *1964 – 1982*	82	33	0.41
	호나우지뉴 *1999 – 2013*	92	33	0.34
10	**아데미르 메네지스** *1945 – 1953*	39	32	0.82
	토스탕 *1966 – 1972*	54	32	0.59

GAMES
브라질 대표팀 역대 최다 출전

경기

1	카푸 *1990. 9. 12 – 2006. 7. 1*	142
2	네이마르 *2010. 8. 10 –*	126
	다니 알베스 *2006. 10. 10 – 2022. 12. 5*	126
4	호베르투 카를로스 *1992. 2. 26 – 2006. 7. 1*	125
5	티아구 실바 *2008. 10. 12 –*	113
6	루시우 *2000. 11. 15 – 2011. 9. 5*	105
7	클라우디오 타파레우 *1988. 7. 7 – 1998. 7. 12*	101
8	호비뉴 *2003. 7. 13 – 2017. 1. 25*	100
9	자우마 산투스 *1952. 4. 10 – 1968. 6. 9*	98
	호나우두 *1994. 3. 23 – 2011. 6. 7*	98

*2023년 9월 13일 기준

	경기	승	무	패	득점	실점	순위
1930 우루과이	2	1	-	1	5	2	6
1934 이탈리아	1	-	-	1	-	3	14
1938 프랑스	5	3	1	1	14	11	3
1950 브라질	6	4	1	1	22	6	2
1954 스위스	3	1	1	1	8	5	5
1958 스웨덴	6	5	1	-	16	4	1🏆
1962 칠레	6	5	1	-	14	5	1🏆
1966 잉글랜드	3	1	-	2	4	6	11
1970 멕시코	6	6	-	-	19	7	1🏆
1974 서독	7	3	2	2	6	4	4
1978 아르헨티나	7	4	3	-	10	3	3

5 평균 순위 **/ 114** 경기 **76** 승 **19** 무 **19** 패 **237** 득점 **108** 실점

	경기	승	무	패	득점	실점	순위
1982 스페인	5	4	-	1	15	6	5
1986 멕시코	5	4	1	-	10	1	5
1990 이탈리아	4	3	-	1	4	2	9
1994 미국	7	5	2	-	11	3	1🏆
1998 프랑스	7	4	1	2	14	10	2
2002 한국/일본	7	7	-	-	18	4	1🏆
2006 독일	5	4	-	1	10	2	5
2010 남아공	5	3	1	1	9	4	6
2014 브라질	7	3	2	2	11	14	4
2018 러시아	5	3	1	1	8	3	6
2022 카타르	5	3	1	1	8	3	7

브라질의 놀란새 아니봄

COLUMN 스티븐 스필버그 감독의 영화 캐치 미 이프 유 캔Catch me if you can에는 이런 장면이 나온다. 주인공 프랭크의 아버지는 자신의 아들을 급히 깨우며 검은색 정장이 있냐고 묻는다. 이후 개점 30분 전 양복점에 도착해 현란한 말솜씨로 문을 열게 만들고, 아들 프랭크에게 멋진 정장을 대여해 준다. 그러더니 이번에는 주차 금지 지역에 차를 대고 경찰이 와도 차를 빼주면 안 된다고 가르친다. 프랭크가 "왜 이렇게까지 해야 하죠?"라고 물었다. 그러자 아버지는 "프랭크, 너는 뉴욕 양키스가 왜 항상 이기는지 아니?"라는 질문을 던졌다. 프랭크는 "미키 맨틀(양키스의 레전드 강타자)이 있어요?"라며 재차 물었다. 그러자 아버지는 이렇게 말한다. "그건 바로 다른 팀 선수들이 양키스의 멋진 줄무늬 유니폼에서 눈을 뗄 수 없기 때문이지."

브라질의 영롱한 노란색 유니폼이 바로 그렇다. 브라질의 노란색 유니폼은 상대 선수들에게는 공포를, 자국 선수들에게 자신감을 불어넣는다. 유니폼은 이렇게 중요하다. 사실 브라질이 처음부터 노란색 유니폼을 입은 건 아니다. 브라질 대표팀의 첫 번째 유니폼은 흰색 바탕에 초록색으로 특징을 준 모습으로 지금과 전혀 달랐다. 이 유니폼은 1950년 마라카낭의 비극으로 바뀌었다. 당시 브라질은 1승 1무를 거둬 우루과이와 비기기만 해도 우승을 차지할 수 있는 유리한 위치에 있었다. 브라질은 후반 2분 프리아사의 선제골로 우승에 다가갔다. 하지만 후반 21분 후안 알베르토 스치아피노, 34분 알시데스 기지아에게 연속골을 내주며 충격적인 역전패를 당했고, 첫 번째 우승 기회를 날려버렸다. 이 대회가 끝난 후 브라질 대표팀은 많은 비판을 받았다. 연이은 비판은 유니폼 색깔까지 도마에 올렸다. 브라질의 흰색 유니폼이 애국심을 드러내지 않는다는 것이었다. 결국 브라질 일간지 '코레이오 다 마냐Correio da Manhá'는 브라질축구협회의 허가를 받아 대표팀 유니폼 디자인 공모전을 진행했다. 조건은 브라질 국기에 있는 네 가지 색깔(초록색, 노란색, 파란색, 흰색)을 활용해 디자인해야 했다. 이 공모전에서 브라질 남부 도시 펠로타스 출신 열아홉 살 디자이너 아우지르 슈레가 제출한 유니폼이 1등을 차지했다. 상의는 노란색 바탕에

초록색 테두리가 있고, 하의는 파란색, 양말은 흰색이었다. 현재 브라질 홈 유니폼과 큰 차이가 없다. 지금이야 브라질 유니폼이 익숙한 디자인이지만 당시에는 혁신적인 모습이었다. 브라질이 처음으로 노란색 유니폼을 입고 뛴 경기는 1954년 3월 칠레와의 경기였다. 이때부터 브라질의 위대한 노란빛 축구 역사가 시작됐다. 브라질 대표팀의 별명이 노란색 깃털을 가진 작은 새 카나리아, 정확히는 작은 카나리아Canarinho로 불린 것도 이때쯤이다. 훗날 아우지르 슈레는 "유니폼에는 규칙적인 컬러 밸런스가 필요했습니다. 나는 노란색과 초록색을 셔츠에 사용했고 파란색은 바지, 흰색은 양말로 만들었습니다. 1954년 스위스 월드컵에서 브라질은 우승에 실패했지만 그래도 이 유니폼은 국가적인 상징이 됐습니다. 정말 운이 좋았죠."라고 말했다. 역사적인 유니폼을 만든 아우지르 슈레는 2018년 11월 피부암으로 세상을 떠났다. 그는 세상을 떠났지만, 브라질의 노란색 유니폼은 영원히 남을 것이다.

그렇다면 브라질의 원정 유니폼은 왜 파란색일까? 브라질의 원정 유니폼은 1938년부터 지금까지 계속 파란색이다. 브라질은 1958년 스웨덴 월드컵에서 처음으로 우승을 차지했는데 이때 결승전에서 입었던 유니폼이 바로 파란색이었다. 열일곱 살 어린 소년 펠레가 멀티골을 기록하며 개최국 스웨덴을 5-2로 침몰시켰다. 흥미로운 점은 스웨덴은 브라질 대표팀의 홈 유니폼과 비슷한 노란색 유니폼을 입고 뛰었다. 이게 문제가 됐다. 당시 브라질은 두 번째 유니폼을 준비하지 않고 대회에 참가했는데 홈팀인 스웨덴이 추첨을 통해 노란색 유니폼을 입게 돼 브라질은 급히 다른 색깔의 유니폼이 필요했다. 사실 브라질축구협회는 흰색 유니폼을 준비할 예정이었지만 1950년 마라카낭의 비극을 떠올리며 다른 유니폼을 찾기 시작했다. 이때 찾은 색깔이 바로 파란색 유니폼이다. 브라질축구협회는 급하게 파란색 유니폼 22장을 구했고 여기에 홈 유니폼에서 뗀 브라질 엠블럼을 바느질해 경기에 나섰다. 브라질은 이렇게 천신만고 끝에 첫 번째 월드컵 우승을 차지했다. 이때의 좋은 기억으로 브라질은 파란색 원정 유니폼을 지금까지 입고 있다. 브라질에 첫 번째 월드컵 우승 트로피를 선물해 준 건 급하게 만든 파란색 유니폼이었다.

Great Brazil

'선택받은 자'라는 뜻의 셀레상Seleção은 브라질 대표팀을 칭하는 다른 단어다.

브라질 대표팀의 노란색 유니품은 아무나 입을 수 없다.

엄청난 재능들이 가득한 브라질의 축구 인재 틈에서 자신의 기량을 뽐내야 하고 또 세계 최고 수준의 플레이를 펼쳐야 한다.

브라질 대표팀이 되는 건 하늘로부터 선택받은 자만 가능하다.

"

축구는 영국이 만들었지만, 축구의 나라는 브라질입니다.
브라질에서 축구를 하는 사람은 누구나 어렸을 때부터 합니다.
프로가 돼 축구를 하든 그냥 친구랑 축구를 하든 모두 같은 열정을 갖고 있습니다.
축구는 브라질 사람들에게 많은 감정들을 불러일으킵니다.

"

__ 네이마르

01

브라질 위대한 영웅들과
월드컵 역사

브라질은 FIFA 월드컵 역사상 가장 성공한 나라다. 1958년 스웨덴 월드컵, 1962년 칠레 월드컵, 1970년 멕시코 월드컵, 1994년 미국 월드컵, 2002년 한일 월드컵까지 무려 5번이나 우승 트로피를 들었다. 월드컵 역사상 최다 우승국이다. 또 지금까지 총 22번의 월드컵에 모두 참가한 국가는 브라질이 유일하다. 브라질은 모든 연령별 FIFA 주관 대회에서 우승을 차지하기도 했다. 축구는 곧 브라질이다. 브라질은 어떻게 이렇게 위대한 축구 역사를 이룩할 수 있었을까.

브라질의 축구 역사는 1914년에 시작됐다. 대부분 성공의 역사가 그렇듯 처음부터 브라질이 축구를 잘하는 나라는 아니었다. 브라질 대표팀의 초기 모습은 엉망이었다. 지역적으로 생겨난 브라질 축구협회 사이의 갈등으로 인해 제대로 된 팀을 구성할 수 없었다. 브라질을 대표하는 대도시 리우데자네이루와 남미에서 가장 인구가 많은 상파울루는 물과 기름 같은 관계였다. 이 갈등은 시간이 지나면서 해결됐고, 아르헨티나, 칠레, 우루과이 등을 상대하며 대표팀은 하나로 뭉치기 시작했다.

첫 번째 월드컵은 1930년 우루과이 월드컵이었다. 월드컵 역사가 시작된 바로 그 대회다. 이 대회에서 브라질은 유고슬라비아에 1-2로 패배했고, 볼리비아에 4-0으로 승리를 거뒀다. 조 2위를 차지한 브라질은 조별리그에서 탈락했다. 첫 월드컵에서 1승을 거둔 것을 생각하면 꽤 성공적인 대회였다. 두 번째 월드컵은 1934년 이탈리아 월드컵이었다. 아직 브라질은 약팀이었다. 이 대회는 지금과 달리 조별리그 없이 바로 16강 경기를 시작했는데 스페인에 1-3으로 패배하며 허무하게 대회를 마쳤다. 경험을 더한 브라질은 1938년 프랑스 월드컵에서 진가를 드러내기 시작했다. 이 대회도 16강 녹아웃 스테이지부터 시작됐는데 첫 경기에서 폴란드와 연장전까지 가는 혈투 끝에 6-5 승리를 거뒀다. 이 경기에서 나온 5실점은 2014년 브라질 월드컵에서 독일에 당한 1-7 참패 전까지 브라질의 월드컵 최다 실점 기록이 된다. 아무튼 짜릿한 승리를 거둔 브라질은 8강에서 체코슬로바키아를 만났다. 두 팀은 퇴장이 3장이나 나오는 거친 경기를 펼쳤다. 부상자까지 있어 두 팀은 각각 아홉 명으로 연장전에 돌입했다. 결국 승부가 나지 않자, 이틀 뒤 재경기를 치렀다. 지금으로서는 생소한 모습이다. 참고로 월드컵에서 승부차기는 1982년 스페인 월드컵부터 도입됐다. 재경기에서 브라질은 2-1로 승리를 거두며 4강에 진출했다. 준결승 상대는 디펜딩 챔피언 이탈리아였다. 브라질은 체력과 전력 차이를 느끼며 1-2로 패배했다. 그래도 3위 결정전에서 스웨덴을 꺾고 3위를 차지했다. 이 대회는 브라질에 가능성을 보여줬다. 유럽의 2연속 월드컵 개최에 불만을 품은 아르헨티나가 불참했는데 브라질은 남미를 대표하며 월드컵에서 인상 깊은 모습을 보여줬다.

1950년에는 브라질에서 월드컵이 열리게 됐다. 2차 세계 대전으로 인해 1938년 이후 월드컵이 열리지 않았는데 총성이 멈춘 뒤 첫 대회가 바로 브라질에서 열리게 됐다.

이 대회에서 조별리그가 도입됐다. 브라질은 유고슬라비아, 스위스, 멕시코와 한 조에 속했는데 2승 1무로 최종 결승 리그에 진출했다. 여기서는 녹아웃 스테이지가 아닌 최종 결승 리그로 우승 팀을 결정지었다. 브라질, 우루과이, 스웨덴, 스페인까지 총 4팀이 최종 조별리그를 치렀는데 가장 유력한 우승 후보는 역시 개최국 브라질이었다. 스웨덴을 7-1로 격파한 브라질은 스페인마저 6-1로 꺾으며 우승을 앞둔 분위기였다. 1년 전 열린 코파 아메리카에서 브라질이 우루과이를 5-1로 꺾은 경험이 있어 당연한 예상이기도 했다. 이 경기에서 브라질은 비기기만 해도 우승이었다. 하지만 우리의 인생은 원하는 대로만 되지 않는다. 그 유명한 마라카낭의 비극이 여기서 발생했다. 브라질 국민들은 첫 우승을 기대했다. 공식적으로 17만 3,850명이 마라카낭 경기장에 들어왔는데 비공식적으로는 22만 명이 넘는 것으로 추정하고 있다. 당시에는 좌석이 없는 콘크리트 관람석이라 가능한 일이었다. 브라질은 경기가 열리기 전부터 축제 분위기였다. 멘데스 데 모라에스 리우데자네이루 시장은 경기 전 연설에서 브라질의 월드컵 우승을 미리 축하했고, 경기장을 가득 채운 많은 국민들도 이에 환호했다. 대회에 나선

스물두 명의 이름이 새겨진 우승 메달이 반짝이며 그들을
기다리고 있었다. 브라질은 선제골을 넣으며 우승을 코앞에
두게 됐다. 하지만 우루과이에 연속골을 내주며 허무하게도
1-2로 패배했다. 경기 종료를 알리는 휘슬이 울리자,
수만 명이 모인 경기장은 섬뜩할 정도로 적막함이 흘렀다.
관중들은 쉽게 경기장을 떠나지 못했고 그 자리에서
뜨거운 눈물을 흘렸다. 안타까운 건 경기장 안에서 두
명이 심장마비로 사망했고, 두 명은 권총으로 자살했다.
우루과이는 우승 시상식도 하지 못한 채 황급히 경기장을
떠났다. 우울감은 브라질 전국으로 퍼졌다. 수많은 브라질
사람들이 자살하며 나라 전체가 초상집이 됐다. 전국에는
조기가 게양됐다. 분노한 브라질축구협회는 이 경기에서
뛴 선수들을 대표팀에서 퇴출하기도 했다. 지금으로서는
상상할 수 없는 일이다. 끝이 아니다. 일부 선수들은
구단에서 방출까지 되면서 더 이상 축구를 하지 못하게
됐다. 마라카낭의 비극은 선수, 관중, 브라질 국민 전체를
슬픔에 빠지게 했다.
1954년 스위스 월드컵에서 브라질은 완전히 다른 팀이
됐다. 유니폼도 흰색에서 노란색으로 바뀌었고 선수 구성도
달라졌다. 브라질은 조별리그에서 1위로 8강에 올랐고

헝가리를 상대했다. 이 경기는 훗날 '베른의 전투'라고
불리는 월드컵 최악의 난투극 경기가 된다. 두 팀은 경기
초반부터 서로를 거칠게 몰아붙였다. 폭탄은 후반에 터졌다.
헝가리가 페널티킥을 얻었는데 브라질축구협회 임원들과
기자들이 경기장에 난입해 심판에게 항의했다. 스위스
경찰들은 다급하게 이들을 연행했다. 경기는 점점 더
거칠어졌다. 선수들은 충돌하며 퇴장을 당했고, 패싸움이
벌어지기 시작했다. 헝가리가 경기를 4-2로 만드는
쐐기골을 터뜨리자, 브라질 선수들은 경기보다 헝가리
선수들과 싸움에 집중했다. 경기 종료 직전에는 사커킥을
날려 퇴장을 당하는 사건이 발생하기도 했다. 이 경기에서
프리킥만 42번, 페널티킥 2번, 옐로카드 4장, 레드카드
3장이 나왔다. 경기가 끝난 후에도 난투극은 이어졌다.
브라질 선수들은 헝가리 라커룸을 습격해 집단 폭행을
하기도 했다. 타임스 기자는 "이렇게 잔인한 경기는 본 적이
없다"고 평가할 정도였다.
1958년 스웨덴 월드컵부터 브라질의 첫 번째 황금기가
시작됐다. 그 문을 연 사람은 열일곱 살 소년 펠레였다.
조별리그에서 1위로 8강에 오른 브라질은 웨일스,
프랑스를 격파한 뒤 결승전에서 개최국 스웨덴을
꺾고 정상에 올랐다. 이 대회에서 가장 주목받은 건
펠레였다. 펠레는 무려 6골을 넣으며 조국의 우승을
이끌었다. 웨일스전에서는 지금도 깨지지 않은 월드컵
최연소 득점 기록(17세 239일)을 썼고, 결승전에서는
멀티골을 터뜨리며 스웨덴의 추격 의지를 확실하게
꺾었다. 2016년 개봉한 영화 '펠레: 전설의 탄생'도 이
월드컵을 배경으로 진행된다. 챔피언 브라질은 1962년
칠레 월드컵에서도 정상에 올랐다. 조별리그를 1위로
통과한 브라질은 8강에서 잉글랜드, 4강에서 칠레를
꺾었고 결승전에서는 체코슬로바키아를 제압하며 우승에
성공했다. 펠레가 부상을 당한 이 대회에서는 브라질
역대 최고의 드리블러 가린샤가 4골로 맹활약을 펼치며
우승을 이끌었다. 브라질의 영광은 계속될 것 같았다.
하지만 1966년 잉글랜드 월드컵에서 예상치 못한
일이 발생했다. 포르투갈, 헝가리, 불가리아와 한 조에
속한 브라질이 조 3위로 조별리그에서 탈락한 것이다.
지금까지도 브라질 축구 역사상 유일한 월드컵 조별리그
탈락이다. 펠레가 첫 경기인 불가리아전에서 부상을 당했고
흑표범 에우제비우가 버티고 있는 포르투갈에 패배하며
초라하게 짐을 쌌다. 실망스러운 결과였지만 우승 DNA가

생긴 브라질은 이를 빠르게 회복했다. 그리고 1970년 멕시코 월드컵에서 새로운 역사를 쓰게 된다. 브라질은 조별리그에서 3승으로 1위를 차지하며 8강에 올랐다. 8강에서는 페루를 4-2로 꺾었고, 4강에서는 라이벌 우루과이를 3-1로 제압하며 결승에 올랐다. 결승에서는 이탈리아를 상대했다. 이 경기에서 브라질은 펠레, 제르송, 자이르지뉴 등 당시 최고의 선수들의 활약으로 우승을 차지했다. 브라질은 월드컵 역사상 첫 3회 우승을 차지하며 줄리메컵을 영원히 가져갈 수 있게 됐다. 하지만 이 역사적인 우승 트로피는 어처구니없게도 1983년 도난을 당했다.

펠레는 브라질 대표팀에 3개의 우승 트로피를 선물하고 축구화를 벗었다. 이때부터 브라질의 침체기가 시작된다. 1974년 서독 월드컵에서 4위, 1978년 아르헨티나 월드컵에서 3위를 차지하며 건재한 모습을 보여줬지만 이후 1982년 스페인 월드컵에서는 일부 관중들이 심장마비로 사망하고, 자살하는 '사리아 참사'가 발생하는 최악의 대회가 됐다. 브라질은 역대급 죽음의 조로 평가 받는 이탈리아, 아르헨티나와 C조에 속해 1승 1패로 4강 진출에 실패했다. 1986년 멕시코 월드컵에서는 3전 전승 조 1위로 16강에 올랐지만, 8강에서 프랑스에 승부차기 끝에 패배하며 실망스러운 성적을 거뒀다. 하얀 펠레로 불렸던 지쿠가 맹활약을 펼쳤지만 경기 결과를 바꾸기에는 역부족이었다. 1990년 이탈리아 월드컵은 더 실망스러웠다. 이번에도 조별리그에서 3전 전승으로 16강에 올랐지만, 라이벌 아르헨티나에 0-1로 패배해 대회를 마쳤다. 아르헨티나에는 축구의 신 디에고 마라도나가 있었다. 브라질에도 새로운 영웅이 필요했다. 이때 등장한 선수가 호마리우다. 1990년 이탈리아 월드컵을 부상으로 놓친 호마리우는 이를 악물고 1994년 미국 월드컵을 준비했다. 당시 브라질은 월드컵 본선 진출을 위해 마라카낭 경기장에서 우루과이를 상대로 무승부 이상의 결과를 내야 했다. 당연히 마라카낭의 비극이 떠오르는 상황이었다. 호마리우는 이 경기에서 멀티골을 넣으며 2-0 승리와 함께 브라질을 미국 월드컵으로 이끌었다. 당시 대표팀을 이끌었던 카를로스 알베르토 페레이라 감독은 "신이 호마리우를 마라카낭으로 내려보냈다."라며 감격했다. 호마리우는 월드컵에서도 맹활약을 이어갔다. 조별리그 3경기에서 모두 골을 기록했고 8강, 4강에서도 골을 넣었다. 16강 미국전에서는 베베토의 득점을 도왔다. 8강

네덜란드전에선 베베토와 함께 아이를 달래는 것처럼 팔을 흔드는 요람 세리머니를 하기도 했다. 결승에서도 호마리우는 좋은 모습을 보여줬다. 비록 득점을 기록하지는 못했지만, 승부차기에서 골을 넣으며 브라질의 우승을 도왔다. 호마리우는 골든볼을 수상하며 브라질의 새로운 영웅으로 등극했다. 영광은 계속됐다. 1998년 프랑스 월드컵에서는 호마리우가 부상으로 빠졌지만, 새로운 축구 황제 호나우두가 등장했다. 여기에 히바우두, 디다, 호베르투 카를로스 등 새로운 브라질의 황금기를 이끌 선수들이 나왔다. 브라질은 파죽지세로 승리를 기록하며 결승까지 올랐다. 호나우두는 이 대회에서 4골을 넣으며 브라질의 공격을 이끌었다. 하지만 하필 상대는 개최국이자 역대 최고의 전력으로 평가받는 프랑스였다. 결과는 0-3 완패였다. 실망스러운 결과, 그래도 두 대회 연속 결승에 오른 브라질은 확실한 힘을 갖추게 됐다. 그 힘은 2002년 한일 월드컵 우승으로 이어졌다. 호나우두, 히바우두, 호나우지뉴 등 역대 최고의 공격 트리오를 갖춘 브라질은 3전 전승으로 16강에 갔고 녹아웃 스테이지에서는 벨기에, 잉글랜드, 터키를 차례대로 꺾었다. 결승에서는 돌풍의 팀 한국을 꺾고 올라온 독일을 2-0으로 멈춰 세우며 정상에 올랐다. 통산 5번째 우승의 순간이었다.

이 대회를 끝으로 브라질의 영광의 시대는 또다시 끝났다. 2006년 독일 월드컵 8강, 2010년 남아공 월드컵 8강, 2014년 브라질 월드컵 4강, 2018년 러시아 월드컵 8강, 2022년 카타르 월드컵 8강까지 브라질은 연이어 초라한 성적을 거두고 있다. 월드컵 최다 우승국 브라질의 위엄도 점점 사라지고 있다. 여러 가지 이유가 있지만, 브라질의 축구가 월드컵에서 좋은 성적을 거두지 못하는 건 역시나 영웅이 없기 때문이다. 브라질이 월드컵 트로피를 들었을 때는 항상 영웅이 있었다. 펠레, 호마리우, 호나우두 등 브라질을 대표하는 스타가 있었다. 지금 브라질 대표팀의 핵심 선수는 네이마르다. 세계 최고의 선수 중 하나인 것은 부정할 수 없지만, 지난 영웅들과 비교하면 무게감이 떨어지는 것은 사실이다. 네이마르가 바르셀로나를 떠나면서 그 무게감은 더욱 비교할 수 없게 됐다. 브라질은 2002년을 마지막으로 20년 동안 월드컵 정상에 서지 못하고 있다. 멈춰버린 브라질 영광의 역사를 움직이게 할 영웅은 언제쯤 등장할까.

02

브라질은
왜 축구를 잘할까

브라질 대표팀에 포함되는 건 월드컵 우승보다 어렵다는 말이 있다. 우리나라로 치면 양궁이 그럴 것 같다. 브라질의 모든 사람들이 축구를 잘하는 건 아니겠지만 연령별 대표팀부터 시작해 A대표팀까지 전문적으로 축구를 하는 브라질 선수들은 세계 최고 수준이다. 브라질 대표팀에 포함되지 못한 선수들은 전 세계 구단들에서 핵심 역할을 하며 멋진 삼바 축구를 펼쳤다. 현재 유럽의 빅클럽들을 봐도 세계적인 수준의 브라질리언들이 가득하고, 가까운 K리그에도 세징야(대구), 티아고(대전), 구스타보(전북), 제카(포항), 헤이스(제주) 등 브라질 선수들이 눈에 띄는 활약을 펼치고 있다. 현재 K리그1과 K리그2를 모두 통틀어 가장 많은 외국인 선수들도 브라질 출신이다. 이렇게 브라질 축구는 전 세계에서 그 위엄을 뽐내고 있다. 그렇다면 브라질 사람들은 왜 축구를 잘하는 걸까. 이 원초적인 질문에 답변하는 건 생각보다 어렵다. 브라질 사람들은 축구를 하기 위해 태어난 걸까. 그들의 신체는 다른 국가 사람들, 다른 인종들보다 더 우월한 걸까. 여러 가지 생각을 해봐도 쉽게 답이 떠오르지 않는다. 신은 브라질 사람들에게 어떤 축복을 내린 걸까. 브라질이 축구를 잘하게 된 그 이유를 브라질의 축구 역사 속에서 살펴보자.

브라질에서는 철도 회사 직원 존 밀러의 아들 찰스
윌리엄 밀러(1874-1953)가 축구의 아버지로 알려져
있다. 스코틀랜드 이민자 토마스 도노호(1863-1925)가
진짜 축구의 아버지라는 이야기도 있지만 이 책에서는
브라질에서 최초의 축구팀 상파울루 체육클럽(SPAC)을
설립한 찰스 밀러를 시작으로 브라질 축구의 탄생을
살펴보려 한다. 브라질에서는 찰스 밀러의 이야기가 정설로
받아들여지고 있다. 브라질에서 태어난 찰스 밀러는 열
살 때 사우샘프턴에 있는 배니스터 공립학교에 다니기
위해 영국으로 갔다. 그곳에서 밀러는 축구 팬이 됐고
실제로 축구를 즐기기도 했다. 신체 능력이 좋았던 그는
윙포워드로 축구를 하며 영국의 축구를 온몸으로 흡수했다.
이때 세인트 메리스 팀에서 뛰기도 했는데 이 팀은 현재
우리가 알고 있는 잉글랜드 구단 사우샘프턴이다. 공부를
마친 찰스 밀러는 1894년 축구 규칙이 정리된 책과 축구공
2개를 들고 브라질로 돌아왔다. 찰스 밀러가 가장 먼저
한 일은 상파울루 체육클럽과 브라질 최초의 축구 리그인
리가 파울리스타의 축구팀을 구성한 것이다. 그는 브라질
사람들에게 축구를 전파했고, 직접 공격수로 뛰며 1902년,
1903년, 1904년까지 3연속 우승을 차지했다. 축구의
인기는 대단했다. 브라질 주마다 축구 대회들이 생겼고,
신생 구단들도 탄생했다. 우리가 알고 있는 코린치안스,
산투스FC, 플루미넨세 등 브라질의 명문 구단들이 이때
창단됐다. 축구에 관심을 두게 된 대중들과 언론들은
축구를 브라질 전국에 퍼뜨렸다.

브라질의 축구 열기는 브라질스포츠연맹을 탄생시켰고,
브라질 축구 대표팀까지 만들어졌다. 브라질 사람들이
축구를 사랑하게 된 가장 큰 계기는 1919년 5월 자국에서
열린 브라질과 아르헨티나의 남미 축구 선수권 대회(현재
코파 아메리카) 결승전이었다. 당시 브라질 사람들의 축구
사랑은 너무나 컸다. 자국 대표팀이 처음으로 결승전에
진출했기 때문이다. 델핌 모레이라 대통령은 공휴일을
선포했고, 많은 사람들이 대표팀을 응원했다. 브라질은
전국적인 응원을 받아 연장 종료 직전 득점을 기록하며
1-0 승리에 성공했다. 브라질 축구 역사상 첫 메이저
대회 우승이었다. 브라질의 축구 사랑은 점점 더 커졌다.
축구는 모든 브라질 사람들을 평등하게 만들었다. 그전까지
브라질에서 스포츠는 많이 배우고, 돈도 많은 상류층에서
즐기는 여가 수단이었다. 하지만 가난하고 학교도 다니지
못한 사람들이 축구에 참여했고 좋은 활약을 보여줬다. 더

이상 스포츠, 축구는 상류층 그들만의 놀이가 아니었다.
흑인과 문맹 등 하류층으로 구성된 바스코 구단이
리우데자네이루에서 열린 대회에서 우승을 차지한 것은
일종의 혁명과 다름없었다. 이를 지켜본 브라질 언론인
마리오 피르호는 "좋은 집안, 학생, 백인이라는 장점은
이제 사라졌습니다. 이들은 가난한 사람들, 거의 문맹인
혼혈아들, 흑인들과 동등한 조건에서 경쟁해야 했습니다.
이는 브라질에서 일어나고 있는 진정한 혁명입니다."라고
평가하기도 했다. 분노한 상류층에서 이들의 스포츠 참여를
금지하는 법령을 추진했지만, 결과적으로 이는 실패로
끝났다. 축구가 만든 평등 혁명은 이미 브라질 사람들의
인식을 바꾸고 있었다.

뜨거웠던 브라질의 축구 열기는 월드컵을 통해 폭발했다.
1930년 우루과이에서 첫 번째 월드컵이 열렸다.
월드컵이라는 단어도 생소했던 시기, 자국을 대표하는
선수들이 세계 최고의 축구 대회에 나선다는 사실은 브라질
국민들을 흥분시키기 충분했다. 당시에는 우루과이가

전 세계에서 가장 축구를 잘하는 나라였다. 우루과이는 월드컵이 열리기 전 1924년 파리 올림픽과 1928년 암스테르담 올림픽에서 모두 우승을 차지했다. 이 주축 선수들이 대부분 우루과이 월드컵에 참가했다. 예상대로 우승은 우루과이의 차지였다. 브라질은 1승 1패로 조별리그에서 대회를 마쳤다. 그럼에도 많은 국민들은 대표팀에게 박수를 보냈다. 이후 1950년 드디어 브라질이 자국에서 월드컵을 개최했다. 이 대회에서 준우승이라는 좋은 성적을 거뒀지만, 소용돌이처럼 마라카낭의 비극 속으로 모든 것이 빨려 들어갔다. 비가 온 뒤 땅이 굳어지듯 브라질의 축구 사랑은 더욱 커졌다. 1950년 이후 펠레, 가린샤 등 세계적인 스타들이 탄생하며 브라질 축구의 황금기를 이끌었다. 결국 브라질은 1958년 스웨덴 월드컵, 1962년 칠레 월드컵, 1970년 멕시코 월드컵까지 12년 사이 3번이나 월드컵 우승을 차지했다. 대표팀만 승승장구한 것은 아니었다. 1962년에는 산투스FC가 남미의 챔피언스리그 격인 코파 리베르타도레스에서

브라질 구단 최초로 우승을 차지했다. 이어 남미 챔피언과 유럽 챔피언이 맞붙는 인터콘티넨탈컵에서도 벤피카를 꺾고 우승을 차지했다. 당시 벤피카는 '흑표범' 에우제비우와 함께 유럽을 정복한 팀이었다. 이렇게 브라질은 차근차근 세계 최고의 축구 강국으로 성장하기 시작했다. 한동안 우승을 못 하던 브라질은 호마리우와 함께 1994년 미국 월드컵에서 우승을 차지했고, 2002년 한일 월드컵에서는 호나우두, 호나우지뉴, 히바우두라는 삼바 트리오로 정상에 섰다. 그 이후 브라질은 20년 동안 월드컵 우승을 하지 못하고 있지만 여전히 축구계에서 가장 영향력 있는 나라로 자리하고 있다.

브라질의 아이들은 어린 시절부터 길거리에서 공을 차며 자연스럽게 축구를 배우고 즐기고 있다. 제대로 된 시설이 없던 시절부터 맨발로 공을 차며 길거리 축구를 즐겼다. 축구는 축구장에서만 하는 것이 아니었다. 뒷골목, 해변가, 시끄러운 시장 등 공이 있는 곳이라면 어디든 축구를 했다. 브라질 선수들의 발재간이 대체로 좋은 것은 이렇게 자유로웠던 조기교육 덕분이다. 또 축구만큼 풋살이 많은 사랑을 받고 있는 것도 브라질의 축구 스타일을 알려준다. 풋살은 축구보다 훨씬 좁은 공간에서 빠른 판단, 뛰어난 공 컨트롤, 드리블, 슈팅까지 수많은 능력이 필요하다. 우리가 잘 알고 있는 펠레, 베베토, 호나우두, 호나우지뉴 등 수많은 선수가 풋살 선수 출신이다. 사실 브라질의 자유분방한 축구 스타일은 보수적인 유럽에서는 평가절하됐다. 비 근본적이고, 비효율적이라는 비판을 많이 받았다. 그들의 눈에는 정상적인 축구가 아니었다. 하지만 현란한 개인기와 마법 같은 드리블을 동반하는 브라질의 공격적인 축구는 매력적이었고 사람들의 눈을 사로잡았다. 브라질 사람들은 이를 '징가(Ginga)'라고 부른다. 브라질 축구의 정신적인 개념이다. 사전적 의미의 징가는 브라질의 전통 무술 카포에라(Capoeira)의 기본적인 발놀림이다. 일본의 게임 회사 반다이 남코 엔터테인먼트의 세계적인 액션 대전 게임 '철권' 시리즈에 등장하는 에디 골드의 바로 그 무술이다. 삼각형 스텝으로 계속 움직이면서 상대를 혼란스럽게 만드는데 몸을 좌우로 흔들며 마치 삼바 춤을 추는 것 같은 이 모습은 브라질 선수들이 통통 튀는 드리블을 할 때와 상당히 유사하다. 브라질을 대표하는 선수들을 보면 모두 징가 정신을 갖고 있다. 개인기가 뛰어나고 현란한 드리블을 갖췄는데 이는 공격수뿐만 아니라 미드필더, 수비수까지 마찬가지다.

흥미로운 건 같은 남미의 축구 강국 아르헨티나와 스타일이 미묘하게 다르다는 것이다.
아르헨티나는 세심한 터치와 공의 방향을 급격히 바꾸는 모습으로 드리블한다. 하지만 브라질은
몸을 크게 좌우로 흔들면서 상대를 속이고 순간적인 움직임으로 상대 선수를 제치고 나아간다.
비교적 직선적인 움직임을 보인다. 브라질 사람들은 이런 모습을 보고 '징가'를 갖춘 선수로
평가한다. 브라질 사람들은 이 징가 정신을 굉장히 중요하게 생각한다. 1994년 미국 월드컵은
브라질이 무려 24년 만에 우승을 차지한 대회였다. 하지만 징가 정신 없이 실리적인 축구로 우승을
해 비판을 받기도 했다. 우리 입장에서는 이해하기 어려운 모습이다. 당시 브라질에서는 1994년
월드컵에 참가한 브라질 대표팀을 "사랑받지 못하는 팀"이라고 부르기도 했다. 월드컵 우승이라는
엄청난 업적을 달성했지만, 브라질의 정신을 갖고 우승한 것이 아니라 유럽의 실리적인 축구를
통해 우승한 것이 비판의 이유가 됐다. 이 우려의 시선은 지금까지 이어지고 있다. 수많은 브라질의
재능 있는 선수들이 어린 시절부터 유럽 구단들로 이적하며 브라질의 징가 정신이 점점 사라지고
있다는 것이다. 이런 주장은 최근 브라질의 성적 부진과 함께 더욱 힘이 실리고 있다. 실리 축구를
강조했던 둥가 감독이 물러난 이후 브라질은 다시 창조적인 선수들을 대표팀에 소집하며 징가
정신을 더욱 강화하고 있다. 브라질 사람들에게 징가 정신이 없는 축구는 죽은 축구다.

BRAZIL'S FOOTBALL STARS

★ 브라질 축구 스타 계보 ★

PELE

1940-2022

축구 황제 ★ 펠레 말이 필요 없는 브라질 최고의 축구 스타. 축구 황제라는 그의 별명을 보면 그가 브라질을 넘어 전 세계에서 어떤 선수로 기억되고 있는지 알 수 있다. 펠레의 본명은 에드송 아란치스 두 나시멘투, 바스코다가마 골키퍼 빌레^{Bilé}의 이름을 잘못 발음해 펠레라는 별명이 붙었다. 펠레는 어린 시절부터 눈에 띄는 재능이었다. 빠른 속도와 뛰어난 양발 능력 그리고 환상적인 개인기는 그를 완벽한 공격수로 만들었다. 키는 173cm로 작았지만, 순발력과 민첩성이 좋아 공중볼 경합 및 헤더 능력도 뛰어났다. 산투스에 입단한 그는 만 16세에 리그 득점왕을 차지하는 놀라운 모습을 보여줬다. 이 활약으로 프로 데뷔 후 불과 10개월 만에 브라질 대표팀 유니폼을 입었다. 유럽의 빅클럽들은 펠레를 영입하려 했지만 브라질 정부가 그를 공식 국보로 선언하며 해외로 떠나는 걸 막았다. 문화재의 해외 유출을 막은 것이다. 펠레는 브라질 축구의 황금기를 이끌었다. 1958년, 1962년, 1970년 세 번의 월드컵에 출전해 브라질에 줄리메컵을 선물했다. 펠레는 브라질 대표팀 92경기에서 77골을 넣었고, 소속팀 729경기에서 680골을 넣었다. 펠레는 비공식 기록까지 포함해 자신의 득점을 1,283골로 주장했다. 어마어마한 득점 기록이다. 펠레는 브라질 역대 최다 득점자 기록을 약 50년 동안 보유했지만 최근 아끼던 후배 네이마르에게 1위 자리를 내줬다. 펠레는 1977년 뉴욕 코스모스 생활을 마지막으로 은퇴를 발표한다. 은퇴 후 그는 축구 영웅으로 다양한 분야에서 영향력을 미쳤고, 1995년에는 브라질의 제1대 체육부 장관을 역임하기도 했다. 자신이 하는 말이 반대로 이뤄지는 펠레의 저주는 지금도 유명하다. 영원할 것 같았던 펠레는 2021년 대장암 진단을 받고 병상에 누웠다. 여러 차례 수술을 받으며 회복을 시도했지만 결국 2022년 12월 29일 82세의 나이로 세상을 떠났다. 축구 황제의 사망 소식에 전 세계의 지도자들이 경의를 표했다. 전 세계 축구 리그는 경기 전 축구 황제 펠레를 기리기 위해 묵념을 하기도 했다. 축구 역사상 최고의 스타 펠레는 축구라는 스포츠가 사라지지 않는 한 영원히 기억될 것이다.

GARRINCHA

1933-1983

막을 수 없는 절름발이 ★ 가린샤 브라질 역대 최고의 드리블러를 뽑으라면 가린샤의 이름이 가장 먼저 나온다. 마누에우 프란시스쿠 두스 산투스, 우리가 가린샤(작은 새)로 부르고 있는 그의 본명이다. 그는 브라질 축구를 대표하는 인물이다. 알코올 중독자 아버지가 있는 불우한 가정 환경에서 자란 가린

샤는 오른쪽 다리가 왼쪽보다 6cm 짧은 장애를 갖고 태어났다. 짧기만 한 것이 아니다. 왼쪽 다리는 바깥쪽으로, 오른쪽 다리는 안쪽으로 휘어지며 걷는 것 자체가 쉽지 않았다. 절름발이로 불릴 정도였다. 장애는 오히려 재능을 더 특별하게 만들었다. 정상인과 무게 중심이 다른 가린샤의 불규칙적인 드리블은 좀처럼 막을 수 없었다. 키는 169cm로 작았는데 무게 중심이 낮아 상대 수비수와 경합에서 공을 쉽게 잃지 않았다. 전통적인 윙어였던 그는 수비수를 앞에 두고 개인기를 뽐냈고 폭발적인 돌파 후 크로스와 슈팅을 날리며 측면을 지배했다. 프로 데뷔 후 그는 승승장구했고 한때 펠레의 라이벌이라는 평가를 받기도 했다. 가린샤가 가장 빛난 시기는 1962년 칠레 월드컵이었다. 당시 펠레가 부상으로 쓰러진 상황, 브라질의 왕은 가린샤였다. 그는 4골을 넣으며 대회 득점왕, 골든볼을 차지했고 조국 브라질에 우승 트로피를 선물했다. 가린샤는 1966년 잉글랜드 월드컵을 마지막으로 대표팀에서 은퇴했고, 1972년 올라리아AC(브라질)에서 현역 은퇴를 선언했다. 축구선수로서 성공적인 커리어를 보낸 가린샤의 말년은 불행했다. 술을 많이 마시면서 사고를 쳤는데 여자관계도 복잡했다. 여섯 명의 아내 사이에서 최소 열네 명의 자녀를 둔 것으로 알려졌다. 특히 삼바 가수였던 두 번째 부인과는 말다툼 끝 폭행을 해 이혼하기도 했다. 점점 더 술에 의존한 그는 1983년 알코올 의존증으로 인해 간경화에 걸렸고 마흔아홉 젊은 나이에 세상을 떠났다. 가린샤의 장례 행렬은 슬퍼하는 수백만 명의 브라질 국민들이 함께했다. 그의 묘비에는 '브라질 국민들의 기쁨이었던 가린샤가 편히 잠들다'라는 문구가 적혀 있다. 가린샤의 이름을 따서 한 경기에서 득점을 기록한 후 퇴장을 당하는 선수를 '가린샤 클럽'에 가입했다고 말하는데 이는 국내 언론에서 만든 용어로 국제적으로는 사용되지 않는다.

ROMARIO

1966-

악동 ★ 호마리우 브라질에는 다양한 악동들이 있지만 호마리우를 빼놓고 이야기할 수 없다. 바스코 다 가마에서 축구를 시작한 그는 일찌감치 유럽으로 넘어가 자신의 재능을 꽃피웠다. PSV 에인트호번, 바르셀로나, 발렌시아 등 당시 유럽 최고의 구단들에서 활약했다. 호마리우는 브라질 최고의 스트라이커 중 하나다. 168cm로 키는 작았지만, 속도가 빨랐고 기술도 뛰어났다. 그중에서도 가장 뛰어난 건 결정력이었다. 공간의 천재였던 그는 페널티박스 안에서 공을 잡으면 대부분 득점으로 연결했다. 순간 속도로 수비수들을 제친 후 슈팅 기회가 생기면 주저하지 않고 슈팅을 날렸다. 호마리우라는 이름을 세상에 알린 대회는 1988년 서울 올림픽이다. 6경기에서 7골을 터뜨리며 득점왕을 차지했다. 호마리우가 가장 빛난 대회는 1994년 미국 월드컵이다. 이 대회에서 호마리우는 베베토와 특급 호흡을 펼치며 5골을 넣었고 브라질의 우승을 이끌었다. 호마리우는 게으른 천재로도 유명했다. 팀 훈련을 극도로 싫어했고, 평소 행동도 지나치게 자유로웠다. 바르셀로나 시절에는 시즌 중반 브라질에서 열리는 카니발 축제에 참가하고 싶다며 휴가를 요구했다. 요한 크루이프 감독은 당연히 그의 요청이 마음에 들지 않았다. 이에 내일 열리는 레알 마드리드전에서 2골을 넣으면 보내주겠다고 약속했다. 그러자 호마리우는 불과 20분 만에 2골을 넣고 이렇게 이야기했다. "감독님, 1시간 뒤면 비행기가 출발합니다. 교체해 주세요." 단호한 크루이프 감독은 호마리우를 끝까지 뛰게 했고, 그는 해트트릭과 함께 1개 도움으로 팀의 5-0 대승을 이끌었다. 호마리우는 당당하게 카니발 축제를 즐기고 돌아왔다. 그는 술과 여자를 지나치게 좋아했고 감독, 동료들과 불화설도 끊이지 않았다. 호마리우를 대표하는 가장 유명한 일화는 1994년 아버지 납치 사건이다. 당시 호마리우의 아버지가 한 술집 앞에서 괴한들에게 납치됐는데 이들은 몸값으로 700만 달러(약 93억 원)를 요구했다. 현재 가치로 따지면 천문학적인 금액이다. 호마리우는 곧바로 기자회견을 열어 아버지를 석방하지 않는다면 미국 월드컵에 참가하지 않겠다는 폭탄 선언을 했다. 월드컵을 고작 한 달 앞둔 상황, 호마리우의 불참 선언에 브라질을 넘어 전 세계가 충격에 빠졌다. 브라질 마피아들은 황급하게 납치범들을 찾기 시작했고, 결국 납치범들은 호마리우의 아버지를 풀어줬다. 호마리우는 2008년 은퇴를 선언했고, 2010년 브라질 하원 의원을 시작으로 정치인으로서 제2의 인생을 살고 있다.

RONALDO

1976-

인간의 몸이 견디지 못한 신의 재능 ★ 호나우두 브라질의 역대 최고의 9번. 호나우두는 그야말로 모든 걸 가진 정통 공격수였다. 최전방에서 기막힌 드리블과 간단하지만 따라 할 수 없는 기술들로 수비수들을 허수아비로 만들며 수많은 골을 기록했다. 속도도 빨랐는데 100m를 10초대에 뛰었다. 호나우두는 본인 스스로 만든 솔로 원더골들이 많았다. 그만큼 혼자서 경기 결과를 바꿀 수 있는 미친 재능을 가진 선수였다. 탄력이 붙은 그를 막을 방법은 거의 없었다. 발롱도르를 수상한 이탈리아 수비수 파비오 칸나바로는 "내가 상대한 선수 중 가장 막기 힘들었던 선수는 호나우두입니다. 그는 마라도나, 펠레와 같은 선수입니다."라고 평가하기도 했다. 호나우두의 별명은 '현상Fenomeno', 그의 등장은 충격 그 자체였다. 즐라탄 이브라히모비치, 카림 벤제마, 모하메드 살라 등 세계 최고의 공격수들도 우상을 물으면 호나우두를 가장 먼저 이야기한다. 호나우두는 1993년 크루제이루에서 프로로 데뷔했고, 바르셀로나, 인터밀란, 레알 마드리드, AC밀란 등 세계 최고의 구단들에서 활약했다. 스페인의 두 거함 바르셀로나와 레알 마드리드에서 모두 뛴 특이한 이력을 갖고 있다. 그만큼 호나우두는 모든 팀이 탐내는 선수였다. 호나우두는 전성기 시절 발롱도르를 2번이나 수상하며 세계 최고의 자리에 오르기도 했다. 2002년 한일 월드컵에서는 브라질의 공격을 주도하며 우승 트로

피를 들었다. 하지만 호나우두의 몸은 그의 재능을 견디지 못했다. 현역 시절 잦은 부상으로 고생했는데 특히 무릎 쪽이 좋지 않았다. 자기 관리를 제대로 하지 못해 체중까지 급격하게 늘어나며 무릎은 점점 상태가 심각해졌다. 현란한 드리블과 급격한 방향 전환을 하는 호나우두의 플레이 특성상 무릎이 망가지자, 커리어가 무너지기 시작했다. 결국 호나우두는 2011년 은퇴를 발표하며 축구화를 벗었다. 호나우두의 몸이 조금만 더 튼튼했다면 펠레를 넘고 브라질 역대 최고의 선수가 될 수도 있었다. 안타깝게도 인간의 몸은 신의 재능을 견디지 못했고 짧은 전성기를 남기게 됐다. 호나우두는 은퇴 후 에이전트, 해설위원, E-스포츠 구단 인수 등 다양한 활동을 하고 있다.

RONALDINHO

1980-

외계인 ★ 호나우지뉴 브라질에 수많은 슈퍼스타가 있었지만 호나우지뉴처럼 데뷔 초부터 은퇴한 이후에도 꾸준하게 사랑을 받는 선수는 거의 없다. 팬들의 반응들만 봐도 그가 현역 시절 얼마나 많은 사람들을 매료시켰는지 알 수 있다. 호나우두 데 아시스 모레이라, 호나우지뉴의 본명이다. 호나우지뉴라는 별명은 '작은 호나우두'라는 뜻이다. 브라질 최고의 공격수 호나우두와 이름이 같아 뒤에 작다는 뜻의 '이뉴inho'를 붙였다. 호나우지뉴는 브라질 특유의 삼바 리듬에 천재적인 축구 센스를 더한 선수다. 항상 미소를 띤 채 보여주는 폭발적인 드리블과 묘기 수준의 개인기는 많은 사람들을 흥분시켰다. 호나우지뉴의 잇몸이 보이면 그날 경기는 끝났다는 이야기가 나올 정도였다. 호나우지뉴는 그레미우에서 프로로 데뷔했고, 파리 생제르맹을 거쳐 바르셀로나에서 전성기를 맞았다. 당시 호나우지뉴의 임팩트는 축구의 신 리오넬 메시의 전성기와 비교해도 전혀 밀리지 않았다. 오히려 호나우지뉴의 정점이 더 높았다고 평가하는 사람들도 많다. 레알 마드리드 홈구장 산티아고 베르나베우에서 열린 엘 클라시코에서 믿을 수 없는 활약으로 라이벌 레알 팬들의 박수를 받은 건 유명한 사건이었다. 결국 2005년 발롱도르를 수상하며 세계 최고의 선수로 인정받았다. 대표팀에서도 대단한 활약을 펼쳤다. 가장 인상적이었던 건 2002년 한일 월드컵이다. 첫 월드컵에서 5경기에 출전했고 2골 3도움을 기록했다. 특히 '3Rs'로 불린 호나우두, 히바우두와 함께 폭발적인 공격력으로 우승을 주도했다. 하지만 애석하게도 전성기는 오래가지 못했다. 자기 관리가 너무나 부족했다. 팀 훈련에 무단으로 불참했고, 수시로 나이트클럽을 다니며 술을 마셨다. 파티광 호나우지뉴의 늘어 가는 뱃살만이 쾌락주의의 결과였다. 결국 호나우지뉴는 2008년 바르셀로나를 떠나 AC밀란으로 이적했고 플라멩구, 아틀레티코 미네이루 등 브라질 구단들에서 활약한 뒤 2018년 공식적으로 은퇴를 발표했다. 호나우지뉴는 은퇴 후에도 많은 팬들에게 사랑을 받으며 각종 레전드 매치에서 영원한 클래스를 뽐내고 있다.

브라질 축구의 악몽들

COLUMN

마냥 화려할 것 같은 브라질 축구에도 악몽은 있다. 그중에서 가장 대표적인 게 1950년 브라질 월드컵 결승전에서 우루과이를 상대로 나온 마라카낭 Agony of Maracanã 의 비극이다. 브라질 축구 역사상 이보다 더 잔인한 비극은 나오지 않을 것 같았다. 하지만 64년 뒤 2014년 브라질 월드컵에서 미네이랑의 비극 Agony of Mineirão 이 발생한다. 두 비극 모두 브라질 자국에서 열린 월드컵에서 나왔다. 지나친 기대가 부담감으로 이어졌고, 패배라는 예상치 못한 결과가 발생하자 브라질 전체가 큰 충격과 함께 폭발한 사건들이다. 다시는 이런 일들이 일어나지 않기를 바라며 그때의 비극들을 되돌아보자.

브라질의 가장 큰 비극은 1950년에 발생한 마라카낭의 비극이다. 당시 브라질은 자국에서 월드컵을 개최하며 전국이 흥분에 빠졌다. 대표팀의 성적도 좋았다. 당시에는 지금과 월드컵 진행 방식이 달랐는데 우승팀을 결승 리그에서 결정했다. 각 조 1위가 결승 리그에 진출했고 여기서 다시 한번 조별리그를 해 우승팀을 결정했다. 브라질은 압도적이었다. 결승 리그에 진출한 브라질은 스웨덴에 7-1 대승, 스페인에 6-1 완승을 거두면서 우승을 앞두게 됐다. 마지막 상대는 1승 1무를 거둔 우루과이. 브라질은 무승부 이상의 성적만 거두면 우승이 확정됐다. 모두 우승을 기대했다. 경기가 열린 아침 리우데자네이루의 거리에는 '브라질은 우승한다'라는 노래가 흘러나오며 우승 축제가 미리 열렸다. 멘데스 데 모라에스 리우데자네이루 시장은 경기 전 "저는 우리의 브라질을 월드컵 우승자로 생각합니다. 몇 시간도 채 안 되어 수천 명의 동포들로부터 챔피언으로 인정받게 될 브라질 국민 여러분, 지구 전체에 경쟁자가 없는 당신, 다른 어떤 경쟁자보다 뛰어난 당신, 저는 당신을 승리자로 맞이합니다!"라는 확신의 찬 연설을 했다. 약 20만 명이 가득 찬 경기장은 브라질의 사상 첫 우승을 기대했다. 심지어 브라질 선수들의 이름을 새긴 22개의 우승 메달까지 준비됐다. 경기는 예상대로 브라질이 주도했다. 선제골도 브라질에서 나왔다. 후반 2분 프리아사의 골이 터지며 줄리메컵은 브라질의 차지가 되는 것처럼 보였다. 하지만 우루과이는 만만한 상대가 아니었다. 후반 22분 후안 스키아피노의 동점골이 터지더니 후반 34분 알시데스 기지아의 역전골이 나오며 경기가 뒤집혔다. 당황한 브라질은 허무하게 무너졌고, 우루과이의 우승이 확정됐다. 경기장에는 섬뜩한 적막감이 깔렸다. 우루과이는 우승 행사도 하지 못하고 급히 자리를 떴다. 두 명의 브라질 팬이 경기장에서 권총으로 자살했고, 일부 사람들은 심장마비로 쓰러졌다. 다음 날에는 전국적으로 많은 사람들이 자살했다는 충격적인 소식이 전해졌다. 일부 선수들은 대표팀에서 쫓겨났고, 소속팀에서도 방출되는 아픔을 겪었다. 이들은 브라질 국민들의 역적이었다. 영웅에서 역적이 되는 건 한순간이었다. 패배 이후 브라질은 악몽을 잊기 위해 흰색이었던 대표팀 유니폼을 폐기하고, 노란색으로 새로운 출발을 다짐했다. 64년 뒤 열린 2014년 브라질 월드컵에서 이와 비슷한 비극이 또다시 발생한다. 사건은 4강전에서 일어났다. 당시 브라질은 승승장구하며 12년 만에 우승에 도전했다. 많은 브라질 국민들은 우승 트로피를 기대했다. 이때 만난 상대가 독일이다. 하지만 불안 요소가 있었다. 핵심 선수인 네이마르가 부

상으로 이탈했고, 베테랑 수비수 티아구 실바가 경고 누적으로 나오지 못한 것이다. 이 불안 요소는 결국 참사로 이어졌다. 전반 10분 토마스 뮐러의 선제골이 터지더니 22분 미로슬라프 클로제의 연속골이 나왔다. 이때부터 분위기가 심상치 않았다. 전반 24분과 25분 토니 크로스의 연속골이 나오자, 브라질 팬들의 흐느끼는 소리가 경기장을 채우기 시작했다. 이어 전반 28분 사미 케디라의 다섯 번째 골이 나오며 미네이랑은 비극의 장소가 됐다. 일부 팬들은 경기장을 떠나기 시작했다. 관중들의 망연자실한 표정은 정말 잔인했는데 이때부터 현지 중계진은 최대한 관중들이 나오지 않게 했다. 브라질 선수들은 망연자실했다. 상대 팀인 독일 선수들도 당황한 눈치였다. 후반 23분과 33분 안드레 쉬를레의 연속골이 터졌고 경기는 7-0이 됐다. 경기 막판 오스카의 만회골이 나왔지만 달라진 건 없었다. 영웅이 없는 브라질은 하나로 뭉친 독일의 상대가 되지 못했다. 경기 후 일부 팬들은 브라질 국기를 태우며 분노를 표현했다. 브라질은 이번 패배로 1975년 이후 이어진 62경기 홈 무패 기록(43승 19무)에 마침표를 찍게 된다. 또 브라질 대표팀 역사상 최다 점수 차 패배라는 흑역사를 쓰게 됐다. 경기가 끝난 후 독일전 주장을 맡았던 다비드 루이스는 "브라질 국민들에게 죄송합니다. 모두가 웃는 모습을 보고 싶었습니다. 축구에서만큼은 국민 전체가 웃는 것이 우리 대표팀에 얼마나 중요한 것인지 다들 알 것입니다. 독일은 우리보다 준비가 잘됐고, 경기를 잘 풀었습니다. 6분 만에 4골을 내준 건 너무 슬픈 일입니다. 제 인생에 많은 교훈을 얻었습니다."라고 말하며 뜨거운 눈물을 흘렸다.

SE PALMEIRAS

SE 팔메이라스

브라질 상파울루주 상파울루를 연고로 1914년에 창단된 브라질 최고의 팀이다. 이탈리아 이민자들이 만든 팀인데 다양한 사람들에게 사랑을 받고 있다. 국내에는 비교적 생소한 팀인데 축구뿐만 아니라 육상, 양궁, 풋살, 유도 등 다양한 스포츠팀을 운영하고 있다. 팔메이라스는 브라질 1부 리그인 캄페오나투 브라질레이루 세리에A에서 11번이나 우승을 차지하며 역대 최다 우승팀의 자리를 지키고 있다. 남미의 챔피언스리그로 불리는 코파 리베르타도레스에서는 3번 우승했다. 팀 컬러는 녹색이다. 2000년에는 스폰서인 프랑스의 다국적 기업 파르마라트의 지원이 줄면서 위기를 맞았다. 2003년 2부 리그로 강등이 됐다가 한 시즌 만에 다시 승격에 성공하기도 했다. 2013년에도 강등이 된 후 1년 만에 승격했다. 2014년에는 1917년에 지어진 이스타디오 팔레스트라 이탈리아를 떠나 새로 지은 4만 3천 석 규모의 알리안츠 파르케를 홈 경기장으로 활용하고 있다. 카푸, 히바우두, 제 호베르투, 가브리엘 제수스 등 유명한 브라질 선수들이 팔메이라스에서 활약했다.

SANTOS FC

산투스 FC

1912년 산투스 출신 스포츠 애호가들 사이에서 창단된 팀으로 상파울루주 산투스를 연고로 하고 있다. 브라질 축구팀 역사상 처음으로 코파 리베르타도레스에서 우승한 팀이다. 축구 황제 펠레가 축구를 시작한 곳이면 더 이상 설명이 필요 없을 것 같다. 대표하는 색깔은 흰색과 검은색으로 유니폼은 흑백 세로 줄무늬다. 다른 브라질 종합 스포츠 클럽처럼 태권도, 유도, 핸드볼, 미식축구 등 다양한 종목 팀들을 운영하고 있다. 캄페오나투 브라질레이루 세리에A에서 8번 우승을 차지했고, 코파 리베르타도레스에서 3번 정상에 섰다. 1950-60년대 펠레와 함께 남미 최고의 팀으로 성장했다. 2000년 초반에는 재정적으로 어려움을 겪어 주요 선수들을 처분하고 유스 선수들을 육성하는 것에 집중했다. 이 과정에서 호비뉴, 네이마르, 간수 같은 브라질 최고의 재능들을 발굴했다. 하지만 2023년 리그 17위로 시즌을 마치며 창단 111년 만에 처음으로 강등을 당했다. 산투스 시내는 전쟁이 난 것처럼 곳곳에 불이 났고, 팬들과 경찰이 충돌을 하는 등 소요 사태가 이어졌다. 홈경기장은 창단과 함께 사용된 이스타지우 우르바누 카우데이라를 보수 및 확장하며 활용하고 있다. 수용인원은 약 1만 7천 명으로 다른 팀들에 비해 작은 경기장을 쓰고 있다.

SC CORINTHIANS

SC 코린치안스

1910년 브라질 상파울루 타투아페 지역에서 철도 노동자들이 창단한 팀이다. 브라질 최고 인기 팀 중 하나다. 캄페오나투 브라질레이루 세리에A 우승 7회, 코파 리베르타도레스 우승 1회, 상파울루 지역 리그 우승 30회 등 수많은 우승을 차지한 명문 구단이다. FIFA 클럽월드컵에서 2번 우승한 것도 눈에 띈다. 물론 화려한 시기만 있었던 것은 아니다. 2004년 초반에는 행정, 자본, 경기력 등 모든 부분에서 문제가 발생하며 침체기를 겪었다. 다행히 치치 감독이 성적을 냈고 대기업의 투자를 받을 수 있었다. 이 시기 카를로스 테베스, 하비에르 마스체라노 같은 선수들이 합류했다. 2007년에는 2부 리그로 강등되는 아픔을 겪었지만, 2009년 승격과 함께 호나우두를 영입하며 모두를 놀라게 했다. 2011년에는 호나우두가 은퇴하자 비운의 천재 아드리아누도 영입했다. 가린샤, 소크라치스, 둥가, 디다, 호베르투 카를로스, 데쿠 등 유명 선수들이 코린치안스 유니폼을 입고 뛰었다.

CR FLAMENGO

CR 플라멩구

1895년 리우데자네이루 가비아에서 조정 클럽으로 처음 설립됐고, 1911년 축구팀이 만들어졌다. 농구, 배구, 수구 등 다양한 팀들을 운영하는 종합 스포츠 클럽이다. '브라질에서 가장 사랑받는 구단'이라는 별명을 가진 플라멩구는 빨간색과 검은색의 가로줄 무늬가 팀 컬러다. 브라질 구단 중 가장 시장 가치가 높은 팀이다. 2023년 3월 기준으로 구단의 가치는 38억 헤알(약 1조 170억 원)이다. 플라멩구는 캄페오나투 브라질레이루 세리에A 우승 7회, 코파 리베르타도레스 우승 3회를 기록했다. 무엇보다 유소년 육성 시스템이 잘 갖춰진 팀이다. 지쿠, 비니시우스 주니어, 루카스 파케타, 홀리오 세자르, 아드리아누 등 유명 선수들이 플라멩구에서 축구를 시작했다. 2011년에는 AC밀란을 떠나는 호나우지뉴를 영입하기도 했다. 2019년에는 유소년 아카데미 숙소에 화재가 발생해 유소년 선수 열 명이 세상을 떠나는 비극이 발생했다. 플라멩구 팬들은 지금까지 이 아이들을 추모하기 위해 'Garotos do Ninho(둥지의 소년들)' 노래를 부르고 있다.

SÃO PAULO FC

상파울루FC

1935년 상파울루주 상파울루시에서 창단된 종합 스포츠 클럽이다. 브라질 축구 역사상 가장 성공한 구단 중 하나다. 캄페오나투 브라질레이루 세리에A 우승 6회, 코파 리베르타도레스 우승 3회, 인터콘티넨탈컵 우승 2회, FIFA 클럽월드컵 우승 1회 등을 차지했다. 플라멩구와 함께 세리에A에서 단 한 번도 강등된 적이 없는 팀이다. 유소년 시스템에서는 훗날 발롱도르를 수상한 카카를 육성한 것이 유명하다. 상파울루 엠블럼에는 흰색, 빨간색, 검은색 줄무늬가 있는데 각각 백인, 원주민, 흑인을 상징한다. 그만큼 인종과 상관없이 많은 사람이 상파울루를 사랑하고 있다. 홈 경기장은 1960년 완공된 에스타디우 두 모룸비를 사용하고 있는데 수용인원은 약 6만 6천 명으로 규모가 큰 편이다. 처음에는 15만 명의 관중이 들어갈 수 있었지만 안전상 문제로 수용인원 규모가 축소됐다. 상파울루에서 뛴 유명한 선수로는 카푸, 히바우두, 카카, 홀리우 밥티스타, 루카스 모우라, 안토니, 에데르 밀리탕 등이 있다.

Brazil

역대 최고 이적료, 역대 최고 누적 이적료, 브라질 역대 최다 득점자
그리고 바르셀로나, 파리 생제르맹 등에서 차지한 수많은 우승 트로피까지.
네이마르는 반박할 수 없는 슈퍼스타다.
축구 선수들의 축구 선수 그리고 스타들의 스타,
네이마르는 수많은 축구 스타들 사이에서도 반짝이는 별이다.

"

네이마르와 나는 바르셀로나 시절부터 서로의 마음을 잘 알고 있었습니다.
그와 더 바르셀로나에서 함께했으면 좋았을 것입니다.
그래도 파리 생제르맹에서 그를 다시 만나 함께할 수 있어 행복했습니다.
그와 함께 뛰는 건 정말 좋은 일입니다.

"

_ 리오넬 메시

Super Star

01

새로운 영웅이 필요한 브라질

인간은 본능적으로 영웅을 원한다. 위기의 순간 등장한 영웅이 많은 사람들을
구하고 끝내 미소 짓는 모습은 우리가 모두 원하는 마지막 장면이다. 악당을
원하는 사람들도 있겠지만 그 악당 역시 그들에게는 또 다른 형태의 영웅이다.
인간에게는 영웅이 필요하다. 브라질 국민들도 그랬다. 브라질의 첫 번째 영웅은
축구 황제 펠레였다. 1958년 스웨덴 월드컵 우승, 1962년 칠레 월드컵 우승,
1970년 멕시코 월드컵 우승까지 브라질은 축구 황제 펠레와 함께 황금기를
보냈다. 영웅이 사라진 뒤 찾아온 공허함은 생각보다 컸다. 브라질은 무려 20년
동안 어두운 시기를 보냈다. 황금빛이 사라진 브라질은 생각보다 꽤 긴 시간
동안 어두운 터널을 달렸다. 목적지를 모르고 달리는 기차처럼 슬프고 연약했다.
그리고 1994년 미국 월드컵에서 브라질의 축구공이 다시 빛나기 시작했다.

공간의 천재 호마리우가 등장한 것이다. 호마리우는 이 대회에서 5골을 터뜨렸고, 대회 최우수 선수로 선정됐다. 그는 밝은 표정으로 월드컵 우승 트로피를 들었다. 그러나 이 미소는 오래가지 못했다. 1998년 프랑스 월드컵에서 호마리우는 부상으로 인해 대표팀에서 제외됐다. 2002년 한일 월드컵에서는 루이스 펠리페 스콜라리 감독의 선택을 받지 못했다. 당시 1966년생 호마리우의 나이는 서른여섯 살이었다. 현실적으로 월드컵에 가기는 어려운 상황이었다. 그렇게 브라질의 황금기는 짧게 끝나는 것 같았다. 이때 등장한 선수들이 바로 호나우두, 히바우두, 호나우지뉴 삼총사였다. 물론 호나우두와 히바우두는 이미 1998년

프랑스 월드컵에서 준우승을 경험하며 대표팀에서도 핵심 역할을 수행하는 선수들이었다. 여기에 호나우지뉴가 가세하며 브라질은 역대 최고의 공격 트리오를 구성하게 됐다. 이들은 브라질의 영웅이었다. 마블 시네마틱 유니버스에 등장하는 슈퍼히어로들처럼 화려한 모습으로 브라질의 축구를 이끌었다. 호나우두는 어떤 상황에서도 득점을 만들었고, 히바우두는 폭발적인 스피드로 수비수들을 무너뜨렸다. 호나우지뉴는 특유의 '잇몸 미소'를 지으며 마법을 부렸다. 그렇게 브라질은 2002년 한일 월드컵에서 우승을 차지했다. 이들은 2004년 코파아메리카, 2007년 코파아메리카까지 우승을 이끌며 브라질의 또 다른

황금기를 이끌었다. 하지만 영광은 여기까지였다. 이때부터 브라질은 암흑기에 빠지게 된다. 브라질 국민들은 새로운 영웅이 등장하기를 기다리며 월드컵을 지켜봤다. 그래도 디펜딩 챔피언 브라질은 2006년 독일 월드컵에서 가장 유력한 우승 후보로 꼽혔다. 브라질은 호주, 크로아티아, 일본과 함께 F조에 속했다. 조 편성도 훌륭했다. 첫 경기에서는 카카의 결승골로 크로아티아에 1-0 승리를 거뒀다. 두 번째 경기도 아드리아누와 프레드의 골로 호주를 2-0으로 제압했다. 마지막 경기에서는 일본에 4-1 대승을 거두며 3전 전승 조 1위로 16강 진출에 성공했다. 브라질은 브라질이었다. 16강전까지는 분위기가

좋았다. 가나를 상대했는데 호나우두, 아드리아누, 제호베르투의 골이 나오며 가나를 완벽하게 제압했다. 하지만 8강에서 프랑스를 만났다. 당시 프랑스는 브라질보다 더 화려한 스쿼드를 보유하고 있었다. 지네딘 지단, 티에리 앙리, 프랭크 리베리, 클라우드 마케렐레, 윌리엄 갈라스 등 모든 포지션에 월드클래스 선수들이 있었다. 결국 브라질은 앙리에게 골을 허용하며 허무하게 무너졌다. 당시 브라질은 호나우두가 있었지만, 그의 무릎 상태는 정상이 아니었다. 브라질은 8강에서 짐을 싸고 독일을 떠났다. 이때쯤 호비뉴가 등장했다. 브라질 특유의 삼바 리듬을 타고난 호비뉴는 브라질 대표팀 유니폼을 입고 눈에 띄는 활약을 펼쳤다. 많은 사람은 그가 브라질의 새로운 영웅이 될 것이라고 확신했다. 호비뉴는 독일 월드컵에서는 많은 기회를 받지 못해 활약을 보여줄 수 없었지만, 2007년 코파아메리카에서 자신의 이름을 확실하게 알렸다. 호마리우의 등번호 11번을 받은 그는 칠레전에서 해트트릭을 달성했고, 에콰도르전에서 결승골을 넣으며 팀의 8강 진출을 이끌었다. 활약은 계속됐다. 8강에서 다시 칠레를 만났는데 2골을 넣으며 팀의 6-1 대승을 합작했다. 4강선 우루과이와 승부차기까지 가는 접전이 펼쳐졌는데 첫 번째 승부차기 키커로 골을 기록하며 결승행에 힘을 보탰다. 결승전에서는 비록 골이 없었지만 맹활약을 펼치며 우승에 성공했다. 호비뉴는 이 대회에서 6골로 득점왕을 차지했고, 대회 최우수 선수로도 선정됐다. 호비뉴는 새로운 영웅처럼 보였다.

브라질 국민들은 2010년 남아공 월드컵에서 새로운 영광을 기대했다. 브라질은 포르투갈, 코트디부아르, 북한과 함께 G조에 포함됐다. 조 편성은 나쁘지 않았다. 하지만 경기력은 실망스러웠다. 대회 최약체로 평가받는 북한을 상대로 후반 10분까지 골을 기록하지 못했다. 마이콘이 가까스로 골을 넣으며 균형을 깨뜨렸고 후반 27분 엘라누의 추가골로 안도의 한숨을 내쉬었지만, 후반 막판 지윤남에게 실점을 허용하며 자존심을 구겼다. 두 번째 경기는 디디에 드로그바가 있는 코트디부아르였다. 이 경기에선 일찌감치 루이스 파비아누가 골을 기록하며 비교적 여유롭게 경기를 운영했다. 드로그바의 만회골, 카카의 퇴장이 있었지만 브라질은 3-1 승리에 성공했다. 마지막 포르투갈전에서는 득점 없이 0-0으로 비겼다. 조별리그에서 호비뉴의 활약은 거의 없었다. 16강에서는 칠레를 만났는데 여기서 호비뉴가 한 방을 보여줬다.

하미레스가 중원에서부터 부드러운 드리블로 페널티박스 근처까지 왔고 경합 과정에서 공이 흘러나오자, 호비뉴는 정확한 슈팅으로 칠레의 골망을 흔들었다. 호비뉴는 팀의 세 번째 득점을 기록하며 3-0 승리를 완성했다. 브라질은 8강에서 당대 최강의 팀 네덜란드를 만났다. 브라질은 선제골로 기선제압에 성공했다. 전반 10분 펠리페 멜루가 네덜란드 진영을 반으로 찢어버리는 환상적인 스루패스를 전달했고, 호비뉴가 논스톱 슈팅으로 해결하며 리드를 잡았다. 하지만 후반 8분 웨슬리 스네이더의 프리킥을 멜루가 자책골로 연결해 경기는 원점이 됐다. 경기 후 FIFA는 이 골을 스네이더의 골로 기록했다. 그리고 후반 23분 코너킥 상황 디르크 카윗의 헤더 패스를 스네이더가 머리로 해결하며 경기를 뒤집었다. 영웅은 이럴 때 필요했다. 브라질 국민들은 팀이 위기에 빠진 상황, 영웅이 등장해 경기를 바꾸길 기도했지만, 영웅은 없었다. 호비뉴는 네덜란드 선수들과 신경전을 펼치다가 경기를 마쳤다. 호비뉴는 이렇게 자신의 마지막 월드컵을 마쳤다. 2014년 브라질 월드컵에서는 스콜라리 감독의 선택을 받지 못해 고개를 숙였다. 2017년에는 성폭행 혐의로 유죄 판결을 받았고, 징역 9년 형이 확정되며 선수 생활은 마침표를 찍게 됐다. 화려하게 등장했던 호비뉴는 처참하게 몰락했다. 그는 브라질 국민들이 기다리는 영웅이 아니었다.

시기는 다르지만, 아드리아누도 비슷한 경우다. 190cm, 95kg의 뛰어난 신체 조건에서 나오는 강력한 슈팅과 섬세한 드리블은 마치 호나우두의 업그레이드 버전을 보는 듯한 느낌을 줬다. 코나미에서 출시한 축구 게임 위닝일레븐에서 아드리아누의 슈팅 파워가 최대치인 99였던 건 지금도 많은 축구 팬들 사이에서 회자되는 일이다. 어떤 위치에서든 슈팅을 날리면 골이었다. 그만큼 아드리아누의 파워는 대단했다. 아드리아누는 2000년 11월 콜롬비아전에서 브라질 A매치 데뷔전을 치렀는데 이후 브라질의 세대교체 중심에서 대표팀을 이끌었다. 2003년 프랑스에서 열린 FIFA 컨페더레이션스컵에 출전했는데 호나우두를 대신해 등번호 9번을 달고 공격수로 출전했다. 호나우지뉴와 함께 호흡을 맞췄는데 꽤 좋은 활약을 보여줬다. 여기서부터 아드리아누는 호나우두를 장기적으로 이을 새로운 영웅 후보로 평가받았다. 아드리아누가 본격적으로 활약한 대회는 2004년 코파 아메리카다. 아드리아누는 이 대회 6경기에서 7골을 터뜨리며 대회 최우수 선수로 선정됐다. 아드리아누가 우승을 이끌었다고

해도 과언이 아니었다. 아드리아누의 첫 월드컵은 2006년 독일 월드컵이었다. 아드리아누는 호나우두, 호나우지뉴, 카카와 함께 공격 조합을 구성하며 많은 팬들의 기대를 받았다. 월드컵 첫 골은 조별리그 2차전 호주전에서 나왔다. 호나우지뉴의 패스를 받은 호나우두는 주위 동료를 찾았고 반대편에 있는 아드리아누를 발견했다. 호나우두는 아드리아누에게 패스를 전달했고, 이를 받은 아드리아누는 수비수 한 명을 가볍게 속인 뒤 정확한 왼발 슈팅으로 골망을 흔들었다. 이들은 베베토의 요람 세리머니를 하며 또 다른 우승을 기대하게 했다. 16강 가나전에서도 득점은 터졌다. 전반 45분 카푸의 측면 크로스를 가볍게 해결했다. 느린 화면으로 보면 오프사이드지만 당시에는 비디오 판독이 없어 골로 인정됐다. 이게 마지막이었다. 아드리아누는 8강 프랑스전에 교체로 나섰지만, 별다른 모습을 보여주지 못하고 팀의 패배를 지켜봤다. 새로운 영웅으로 많은 기대를 받았던 아드리아누의 이야기는 여기까지다. 이후 아드리아누는 아버지의 사망이 우울증과 알코올 중독이 이어졌고, 체중 증가, 잦은 부상, 훈련 규율을 어기는 문제 등이 발생하며 대표팀에서 멀어졌다. 전성기 자체만 보면 브라질 역대 최고의 선수 중 하나로 꼽힐 수 있지만 시기가 너무 짧았고, 이룬 업적이 없었다. 아드리아누 역시 영웅이 되지 못하고 브라질 국민들의 기억 속에서 사라졌다.

브라질 국민들의 회의감과 좌절감은 하루하루 길어졌다. 동시에 브라질이라는 이름값은 점점 더 가벼워졌다. 축구를 대표했던 국가, 축구를 주도했던 국가 브라질은 이제 이탈리아, 스페인, 독일, 프랑스 등 유럽 국가들에 밀려 왕좌의 자리를 내줬다. 2010년 남아공 월드컵 전 브라질은 FIFA 랭킹 1위를 달렸지만, 대회가 끝난 후에는 4위까지 떨어졌다. 2010년 12월 기준 FIFA 랭킹 1위는 스페인, 2위 네덜란드, 3위 독일이 차지했다. 브라질 입장에서는 추락이었다. 월드컵 성적은 연이어 좋지 않은 상황이었고, FIFA 랭킹은 점점 더 내려가고 있었다. 그리고 그토록 기다린 영웅은 없었다. 이때 브라질 국민들은 산투스에서 놀라운 활약을 보여주고 있는 18세 소년을 주목했다. 그 소년의 이름이 바로 네이마르 다 실바 산투스 주니오르(Neymar da Silva Santos Júnior)였다. 우리가 알고 있는 바로 그 네이마르다. 저 빼빼 마른 아이가 훗날 펠레를 뛰어넘고 브라질 역대 최다 득점자가 될 줄 그 누가 알았을까.

02

브라질에 등장한
유튜브 스타

브라질의 많은 팬들은 네이마르의 2010년 남아공 월드컵
출전을 희망했다. 그러나 둥가 감독은 그를 선택하지 않았다.
네이마르가 처음으로 브라질 대표팀에 발탁된 건 월드컵이
끝난 후인 2010년 7월 26일이다. 당시 브라질은 미국과
평가전을 치렀는데 네이마르가 처음으로 브라질 국민들 앞에
섰다. 완벽한 데뷔전이었다. 네이마르는 데뷔전에서 데뷔골을
넣으며 자신의 이름을 확실하게 알렸다. 그렇다면 대표팀에
오기 전까지 네이마르는 어떤 생활을 했을까. 왜 그토록 많은
브라질 국민들이 열여덟 살 네이마르의 이름을 외쳤을까.

네이마르는 1992년 2월 5일 상파울루주의 모기 다스 크루지스 빈민가에서 태어났다. 상파울루에서 동쪽으로 40km 떨어진 도시다. 네이마르는 축구선수였던 아버지로부터 재능을 물려받아 자연스럽게 축구 선수를 꿈꿨다. 아버지는 네이마르의 개인 코치였다. 드리블, 패스, 슈팅 등 기본적인 것들을 가르치며 축구의 즐거움을 알려줬다. 물론 전문적인 수준의 축구를 가르치지 않았다. 스스로 축구에 흥미를 느낀 네이마르는 길거리 축구, 풋살 등을 하면서 자연스럽게 기술적인 선수로 성장했다. 좁은 공간에서 빠른 판단과 움직임을 반복적으로 하며 축구 선수로서의 기본적인 틀을 만들었다. 네이마르도 위대한 브라질 영웅들처럼 처음부터 잔디가 깔린 경기장에서 훈련하지 못했다. 먼지가 풀풀 날리는 콘크리트 바닥으로 된 야외 농구장에서 공을 찼다. 이때 3호 사이즈의 작고 딱딱한 축구공을 썼는데 바운드는 거의 없었다. 네이마르가 본격적으로 축구를 시작한 건 2003년 상파울루 남부 해안 도시 상 비센테로 이주한 뒤 포르투게사 산티스타 유소년팀에 입단할 때부터다. 당시 네이마르의 집안은 가난했다. 아버지, 어머니, 여동생 그리고 네이마르까지 네 가족이 할머니 집에 딸린 한방에서 지냈다. 네이마르의 생활이 조금씩 좋아진 건 브라질 명문 구단 산투스 유소년팀에 입단한 후다. 네이마르는 누가 봐도 눈에 띄는 보석이었다. 산투스는 이런 네이마르를 구단의 미래로 평가하며 일찌감치 계약을 맺었다. 네이마르는 열다섯 살 때 월급으로 1만 헤알(약 270만 원)을 벌었고, 열여섯 살 때는 2만 5천 헤알(약 680만 원), 열일곱 살 때는 프로 계약과 함께 처음으로 스폰서 계약을 체결하며 가난에서 벗어날 수 있었다. 이렇게 네이마르의 산투스 커리어가 시작된다.

사실 네이마르는 어린 나이에 유럽으로 떠날 기회가 있었다. 열네 살이었던 네이마르는 당시 갈락티코 정책으로 호나우두, 지네딘 지단, 데이비드 베컴 등 화려한 선수들을 보유하고 있는 레알 마드리드로부터 입단 테스트 기회를 받았다. 예상대로 네이마르는 테스트를 통과했고 마드리드 축구 연맹에도 이름이 등록됐다. 하지만 산투스 이사회와 아버지는 그가 브라질에서 축구 커리어를 시작하길 원했다. 산투스 구단은 네이마르가 잔류하도록 100만 헤알(약 2억 7천만 원)을 지불했다. 네이마르 가족은 이 금액으로 산투스의 홈구장 우르바노 칼데이라 경기장 옆에 있는 집을 구입할 수 있었다. 레알 이사회는 네이마르를

원하긴 했지만 열네 살 소년에게 그 이상의 돈을 쓰는 건 무리라고 판단해 영입에서 손을 뗐다. 네이마르는 2009년 3월 7일 열일곱 살이라는 어린 나이에 프로 데뷔전을 치렀다. 오이스테전에서 교체로 들어가 30분을 뛰었다. 그다음 주에는 모기 미림전에 출전해 데뷔골을 터뜨렸다. 네이마르는 어리지만 팀에 도움이 되는 선수였다. 첫 시즌 48경기에 나섰는데 무려 14골을 넣었다. 믿을 수 없는 활약이었다. 2010년부터 네이마르는 브라질 전국에 이름을 알리게 됐다. 상파울루를 상대로 해트트릭을 달성했고, 코린치안스, 팔메이라스 같은 빅클럽을 상대로 득점을 기록하며 모두를 놀라게 했다. 특히 이 시즌에는 브라질의 FA컵인 코파 두 브라질에서 보여준 활약이 대단했다. 네이마르는 무려 11골을 퍼부으며 득점왕을 차지했고, 팀의 우승을 이끌었다. 당시 네이마르의 나이는 고작 열여덟 살이었다. 2010년 네이마르는 60경기에서 42골을 기록했다. 어마어마한 득점력이다. 당연히 유럽 구단들이 가만히 있을 리 없었다. 잉글랜드 프리미어리그 웨스트햄 유나이티드와 첼시 등 다양한 구단들이 산투스에 네이마르 영입 제안을 전달했다. 하지만 산투스는 이들의 제안을 거절했다. 펠레는 직접 루이스 알바로 데 올리베이라 히베이로 산투스 회장에게 전화를 걸어 네이마르를 보내면 안 된다고 직접 조언을 전하기도 했다. 그렇게 네이마르는 산투스 잔류를 결정했다.

2011년은 네이마르가 브라질을 넘어 전 세계에 이름을 알린 해다. 산투스는 코파 리베르타도레스에 출전했는데 여기서 네이마르는 잠재력을 실력으로 보여줬다. 특히 결승전 활약이 대단했다. 우루과이 강호 페냐롤과 맞붙었는데 일단 1차전은 별다른 활약 없이 0-0으로 끝났다. 2차전에서 네이마르가 빛나기 시작했다. 후반 1분 페널티박스 왼쪽에서 동료의 패스를 받았고 오른발 논스톱 슈팅으로 해결하며 경기의 균형을 깨뜨렸다. 이 득점으로 상승세에 오른 산투스는 2-1로 우승에 성공했다. 무려 48년 만에 코파 리베르타도레스 우승이었다. 펠레가 뛰던 그 시절이 산투스의 마지막 우승이었다. 네이마르는 6골을 터뜨리며 득점왕을 차지했고, 동시에 대회 최우수 선수로도 선정됐다. 이 우승으로 산투스는 일본에서 열린 2011년 FIFA 클럽월드컵에 남미 챔피언 자격으로 출전하게 됐다. 4강에서 만난 상대는 J리그 챔피언 가시와 레이솔이었다. 이 경기에서 네이마르는 팀의 선제골을 터뜨리며 3-1 승리를 이끌었다. 결승에서 만난 상대는 운명의 팀

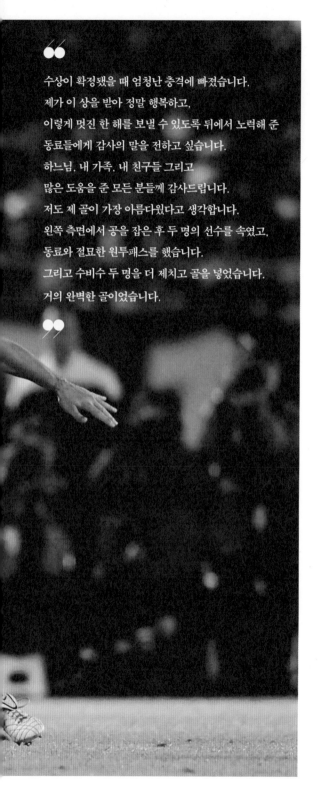

수상이 확정됐을 때 엄청난 충격에 빠졌습니다.
제가 이 상을 받아 정말 행복하고,
이렇게 멋진 한 해를 보낼 수 있도록 뒤에서 노력해 준
동료들에게 감사의 말을 전하고 싶습니다.
하느님, 내 가족, 내 친구들 그리고
많은 도움을 준 모든 분들께 감사드립니다.
저도 제 골이 가장 아름다웠다고 생각합니다.
왼쪽 측면에서 공을 잡은 후 두 명의 선수를 속였고,
동료와 절묘한 원투패스를 했습니다.
그리고 수비수 두 명을 더 제치고 골을 넣었습니다.
거의 완벽한 골이었습니다.
"

바르셀로나였다. 전 세계 언론들은 축구의 신 리오넬 메시와 신성 네이마르의 맞대결을 주목했다. 하지만 유럽 챔피언 바르셀로나는 세계 최강의 팀이었다. 메시, 사비, 안드레스 이니에스타, 세르히오 부스케츠, 카를레스 푸욜, 다니 알베스 등 세계 최고의 선수들이 모인 팀이었다. 게다가 우승 전문가 펩 과르디올라 감독이 팀을 이끌던 시기였다. 메시는 마법 같은 드리블로 산투스 선수들을 무너뜨렸다. 네이마르도 최선을 다해 공격을 시도했지만, 바르셀로나 수비는 좀처럼 뚫기 어려웠다. 바르셀로나는 거침없이 산투스를 폭격했다. 전반 16분 메시가 환상적인 칩슛으로 선제골을 넣었고, 24분 사비, 44분 파브레가스가 연이어 골망을 흔들었다. 후반 37분 메시의 쐐기골이 나오며 경기는 바르셀로나의 4-0 대승으로 끝났다. 브라질에서 날고 긴다던 네이마르도 바르셀로나의 매혹적인 플레이를 멍하니 쳐다볼 수밖에 없었다. 이 경기를 통해 네이마르는 유럽 도전에 대한 꿈을 조금 더 키웠을 것 같다. 이 대회에서 네이마르는 브론즈볼을 수상했는데 골든볼을 수상한 메시와 포옹을 나누며 서로를 인정했다. 훗날 두 선수는 역사에 남을 MSN 라인에서 엄청난 골들을 합작하게 된다.

네이마르는 브라질 리그 12라운드 플라멩구전에서 평생 잊을 수 없는 골을 넣게 된다. 호나우지뉴와 맞대결로 많은 주목을 받았는데 이 경기에서 네이마르는 2골을 넣었지만, 팀의 4-5 패배를 막지는 못했다. 최고의 골은 전반 25분에 나왔다. 중앙선 근처 왼쪽 측면에서 공을 잡은 네이마르는 기막힌 백힐로 수비수 두 명을 속였고, 이후 동료와 원투패스를 주고받으며 페널티박스 앞까지 돌진했다. 여기서 공을 발로 긁으며 최종 수비수를 제쳤고 골키퍼와 일대일 상황에서 넘어지면서 슈팅을 날려 골을 터뜨렸다. 입이 떡 벌어지는 솔로골이었다. 이 골로 네이마르는 전 세계에서 가장 아름다운 골을 넣은 선수만 받을 수 있는 푸스카스상을 수상했다. 아스널전에서 나온 메시의 환상골, 맨체스터 더비에서 나온 웨인 루니의 소름 돋는 바이시클킥도 후보에 있었지만, 네이마르가 푸스카스상 트로피를 들었다. 브라질 최고의 스타였던 네이마르는 전 세계 사람들의 시선을 사로잡았다. 네이마르의 2011년은 완벽 그 자체였다.

03

유럽으로 떠나는 남미
최고의 선수

스무 살 네이마르는 브라질을 넘어 남미 최고의 선수로 성장하고 있었다. 유럽의 러브콜은 끊임없이 이어졌다. 레알 마드리드가 네이마르와 사전 접촉을 시도한다는 보도가 나오자 루이스 리베이로 산투스 회장은 크게 발끈하며 FIFA에 공식 항의를 준비했다. 레알 측에서 이를 부인하며 사건은 일단락됐지만 유럽 최고의 구단들이 네이마르를 주목하고 있다는 건 이미 알려진 사실이었다. 네이마르는 계속되는 유럽 이적설에도 산투스에 집중하며 흔들리지 않는 모습을 보였다. 브라질 리그 팔메이라스전에서는 프로 데뷔 후 100번째 골을 터뜨리며 가파른 성장세를 보여줬다. 네이마르는 브라질 리그 최우수 선수로 선정됐고, 2년 연속 남미 올해의 선수상을 받으며 명실상부 남미 최고의 선수로 자리 잡았다. 네이마르는 브라질 그리고 남미에서 모든 걸 이뤘다. 이제 그에게 남은 건 더 넓고, 수준이 높은 유럽 무대에서 자신을 시험하는 것뿐이었다.

네이마르는 다양한 포지션에서 뛸 수 있는 훌륭한 선수입니다.
우리는 그가 팀에 빨리 적응하기를 바랍니다.
그는 전술적으로 뛰어나고, 수비적으로도 열심히 일하는 매우 수준이 높은 선수입니다.
유럽의 모든 빅클럽이 그를 원했습니다.

__ 티토 빌라노바 감독

시간은 흘러 2013년이 시작됐다. 네이마르는 여전히 산투스 유니폼을 입고 뛰고 있었다. 그러던 중 네이마르가 폭탄 발언을 꺼냈다. 네이마르는 "바르셀로나, 레알 마드리드, 첼시 같은 유럽의 빅클럽에서 뛰고 싶습니다. 메시, 사비, 이니에스타 같은 선수들과 함께 뛰는 것을 꿈꾸지 않을 선수가 어디에 있을까요? 그들은 모두 훌륭한 선수들입니다."라는 이야기하며 모두를 깜짝 놀라게 했다. 물론 "제가 바르셀로나에 합류한다면 팀에 잘 적응할지 모르겠지만, 지금 제 자리는 산투스에 있습니다. 제가 언제 산투스를 떠날지 추측하는 건 의미가 없습니다. 저는 제가 원할 때 떠날 것입니다."라고 말하며 수위를 조절했다. 그리고 한 달 뒤 에이전트와 그의 부친은 네이마르가 2014년 브라질 월드컵이 열리기 전에 유럽으로 떠날 것이라고 발표했다. 바르셀로나로 갈 것이라는 추측이 가장 많았지만, 이때까지도 네이마르가 어떤 팀으로 가는지는 확실치 않았다. 어쨌든 브라질을 떠나 유럽으로 떠나는 것이 확정된 네이마르는 5월 26일 산투스 유니폼을 입고 치르는 마지막 경기에서 브라질의 국가가 흘러나오자 뜨거운 눈물을 흘렸다. 가린샤 스타디움에 모인 많은 브라질 팬들은 엄청난 박수를 보내며 그를 응원했다. 그리고 네이마르는 자신의 SNS를 통해 바르셀로나로 이적을 발표했다. SNS를 통해 선수 본인이 이적을 발표하는 건 당시에는 생소한 일이었다. 네이마르는 "저는 월요일에 바르셀로나와 계약을 맺습니다. 9년이라는 놀라운 시간 동안 함께한 산투스 팬들에게 감사의 말을 전하고 싶습니다."라고 말하며 길고 길었던 이적설에 마침표를 찍었다. 네이마르는 "가족과 함께 내린 결정입니다. 가족들은 나에게 많은 도움을 줬습니다. 꿈이 이루어졌습니다. 정말 행복합니다. 동시에 제가 자랐고 9년 동안 뛰었던 도시의 소중한 팀 산투스를 떠나게 되어서 조금 아쉽습니다. 하지만 새로운 도전을 하고 꿈을 이룰 수 있어서 더욱 기쁩니다. 이제는 매 순간을 즐겨야 합니다."라며 이적 이유를 밝혔다. 바르셀로나는 네이마르 영입을 발표하면서 이적료 및 세부 사항을 공개하지 않았다. 알려진 건 계약기간이 5년이라는 것뿐이었다. 이는 문제의 출발점이었다. 2014년 1월 스페인 마드리드 검찰청은 바르셀로나 구단이 네이마르에게 지불한 이적료에 대해 조사를 시작했는데 제출된 문서에 문제가 많았다. 당초 알려진 이적료는 5,710만 유로(약 810억 원)였지만, 조사 결과 드러난 실제 이적료는 8,620만

유로(약 1,225억 원)였다. 이적료를 축소 신고한 것이다. 또 바르셀로나가 네이마르의 부모에게 4천만 유로(약 568억 원)를 지불했는데 이 금액 중 일부가 네이마르의 지분을 갖고 있는 서드파티 회사에게 돌아갔다. 자금 남용, 횡령 및 탈세 문제가 발생한 것이다. 당시 이 사건을 조사했던 호세 페랄스 검사는 바르셀로나가 1,200만 유로(약 170억 원) 규모의 세금을 내지 않기 위해 네이마르 영입 시 9개의 별도 계약을 맺어 탈세 행위를 했다고 지적했다. 이 사건으로 산드로 로셀 바르셀로나 회장은 자리에서 즉시 물러났다. 네이마르와 부친이 소유하고 있는 가족 회사(N&N) 및 바르셀로나 구단 모두 조사 대상이 됐다. 시민구단 바르셀로나는 많은 비판을 받았다. 결국 바르셀로나는 구단의 이미지가 더 이상 실추되는 걸 막기 위해 1,360만 유로(약 193억 원)의 금액을 세금 당국에 먼저 지불했다. 훗날 네이마르와 바르셀로나 구단은 추가 탈세 혐의로 추징금을 더 내며 시끌벅적했던 네이마르의 이적 이야기는 끝나게 된다.

네이마르는 메디컬 테스트를 성공적으로 통과했고, 그토록 꿈꿨던 바르셀로나의 홈구장 캄프 누에서 입단식을 했다. 5만 6천 명이 넘는 관중들이 남미 최고의 스타를 환영하기 위해 경기장을 찾았다. 네이마르는 약간 긴장된 미소를 지으며 캄프 누에 입장했다. 짧게 소감을 말한 네이마르는 공을 가볍게 리프팅 하며 자신의 발재간을 보여줬다. 경기장을 채운 관중들은 네이마르의 작은 동작 하나하나에 박수를 보내며 브라질에서 온 새로운 스타를 환영했다. 네이마르는 경기장을 크게 돌며 관중석으로 공을 찼다. 그리고 바르셀로나 깃발을 흔들며 본격적으로 바르셀로나 생활을 시작했다. 흥미로운 건 바르셀로나는 네이마르와 계약을 체결할 때 바이아웃 금액으로 2억 2,200만 유로(약 3,150억 원)를 설정했는데 이 정도 금액은 사실상 선수를 보내지 않겠다는 뜻이었다. 하지만 4년 뒤 카타르 자본을 등에 업은 프랑스 빅클럽 파리 생제르맹이 이 금액을 바르셀로나에 지불하며 네이마르를 영입했다. 지금까지도 이 금액은 전 세계 축구 선수 중에서 가장 비싼 이적료 기록을 유지하고 있다. 선수를 영입할 때 바이아웃 조항을 반드시 넣어야 하는 스페인 라리가 구단들은 네이마르 사태 이후 바이아웃 금액을 10억 유로 이상 천문학적인 금액으로 책정하기 시작했다. 네이마르라는 선수가 축구 이적시장의 모습을 완전히 바꾼 것이다.

일단 소감

바르셀로나에 오게 돼 너무 기쁩니다.

아이일 때나 어른일 때나 바르셀로나는 저의 꿈이었습니다.

메시, 사비, 이니에스타 등 오랫동안 존경해 왔던 선수들과 함께 뛸 수 있게 돼
매우 감격스럽습니다.

바르셀로나 이적을 결정한 이유

빅클럽들이 저를 원했지만 제 마음이 결정하도록 했습니다.

저는 바르셀로나에 오고 싶었다고 확신했습니다.

우리 가족이 함께 내린 결정입니다.

나는 아버지, 어머니 그리고 온 가족과 함께 항상 대화를 나눕니다.

바르셀로나 적응

저는 제 축구를 하겠습니다.

최대한 빨리 적응해서 차분하게 경기를 잘 하고 싶습니다.

변화가 어렵다는 건 알고 있지만 정상적인 삶을 살며
팬들을 기쁘게 하기 위해서는 빨리 팀에 적응해야 합니다.

저는 훌륭한 바르셀로나 선수들과 함께 엄청난 발전을 할 것이라고 확신합니다.

축구의 신 리오넬 메시

세계 최고의 선수들과 함께 뛰게 된다면 정말 쉽게 경기를 할 수 있을 것 같습니다.

메시가 계속해서 최고의 모습을 보여주고,

발롱도르를 수상할 수 있도록 하기 위해 제가 이곳에 온 것입니다.

이적 후 아직 메시를 직접 만나지 못했지만 가능한 한 빨리 만나서 인사를 하고 싶습니다.

바르셀로나 팬들에게 한마디

저는 항상 바르셀로나를 존경했습니다.

어렸을 때부터 브라질 출신이든 그게 아니든 바르셀로나에서 뛰는
훌륭한 선수들을 많이 봤습니다.

저는 항상 바르셀로나에 오고 싶었습니다.

저에게 이런 기회를 준 하느님께 감사드립니다.

전 세계에서 가장 아름다운 골

COLUMN 국제축구연맹 FIFA은 헝가리 부다페스트에서 태어난 축구 전설 푸스카스 페렌츠 Puskás Ferenc 의 이름을 따 2009년 10월 푸스카스상을 신설했다. 당시 제프 블레터 FIFA 회장은 "우리는 축구 역사에서 가장 큰 족적을 남긴 위대한 인물들을 기억해야 합니다. 푸스카스는 엄청난 재능을 갖고 수많은 명예를 얻은 선수였고, 동시에 뛰어난 인물이었습니다. 우리 FIFA는 푸스카스의 업적에 경의를 표하게 된 것을 기쁘게 생각합니다. 이 상을 그가 남긴 아름다운 추억에 바칩니다."라고 말했다. 푸스카스상은 그해 전 세계에서 가장 아름다운 골을 넣은 선수 한 명만 받을 수 있는 상이다. 아무리 축구를 잘하고, 아무리 골을 많이 넣는다고 해도 이 상을 받을 수 없다. 축구판에서는 굉장히 드물게도 수상 기준에 미적 요소가 들어가기 때문이다. 2018년까지는 오로지 팬들의 투표로만 수상자가 결정됐는데 2018년 모하메드 살라(리버풀)의 수상 논란이 발생하자 평가 기준을 바꿔 전문가들과 팬들의 투표를 모두 반영해 수상자를 결정하고 있다. 지금까지 총 열네 명의 수상자가 나왔는데 그중에 한 명이 2011년 네이마르다. 네이마르는 2011년 브라질 세리에A 플라멩구전에서 그해 전 세계에서 가장 아름다운 골을 기록했다. 왼쪽 측면 공격수로 출전한 네이마르는 전반 25분 왼쪽 측면에서 패스를 받았다. 이후 뒤로 공을 긁어 두 명을 순식간에 제쳤고, 전방에 있는 동료에게 패스를 주고 빠르게 앞으로 뛰어갔다.

동료는 네이마르의 의도를 알고 원투패스를 전달했고, 네이마르는 다시 공을 잡았다. 이때 네이마르 앞에 있는 수비수는 총 세 명, 또 다른 한 명의 선수는 바로 뒤에서 네이마르를 쫓아 오고 있었다. 보통의 선수라면 공을 빼앗기는 상황이다. 하지만 네이마르는 마법을 부렸다. 몸싸움에서 이겨낸 뒤 발바닥으로 공을 컨트롤하며 정면에 있는 수비수를 제쳤고 골키퍼와 일대일 상황을 만들었다. 여기서 네이마르는 무게 중심을 잃고 넘어지면서도 정확한 오른발 아웃프런트 슈팅으로 골망을 흔들었다. 경기장에 있는 모든 사람이 감탄한 그야말로 원더골이었다. 네이마르는 이 골로 푸스카스상 최종 후보에 올랐다. 네이마르의 원더골과 경쟁한 골들도 화려했다. 우선 바르셀로나와 아스날의 챔피언스리그 경기에서 나온 리오넬 메시의 솔로골이 후보로 올라왔다.

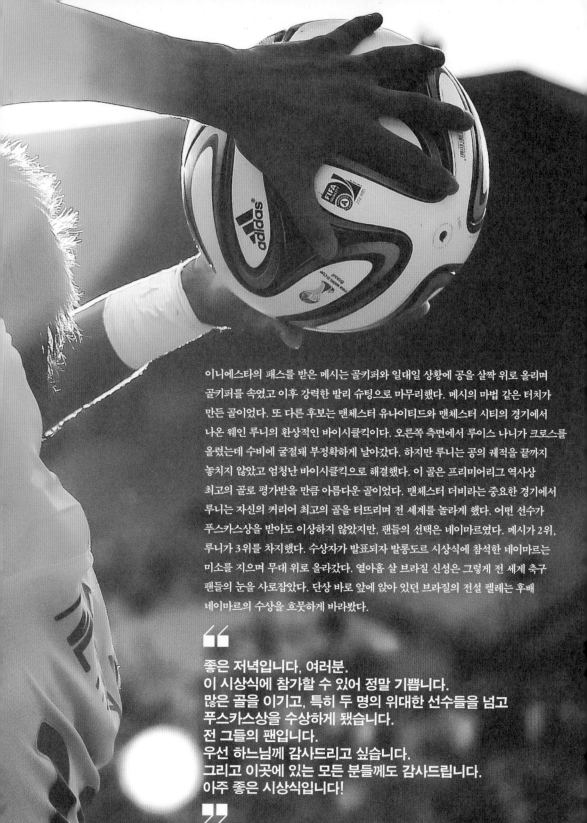

이니에스타의 패스를 받은 메시는 골키퍼와 일대일 상황에 공을 살짝 위로 올리며
골키퍼를 속였고 이후 강력한 발리 슈팅으로 마무리했다. 메시의 마법 같은 터치가
만든 골이었다. 또 다른 후보는 맨체스터 유나이티드와 맨체스터 시티의 경기에서
나온 웨인 루니의 환상적인 바이시클킥이다. 오른쪽 측면에서 루이스 나니가 크로스를
올렸는데 수비에 굴절돼 부정확하게 날아갔다. 하지만 루니는 공의 궤적을 끝까지
놓치지 않았고 엄청난 바이시클킥으로 해결했다. 이 골은 프리미어리그 역사상
최고의 골로 평가받을 만큼 아름다운 골이었다. 맨체스터 더비라는 중요한 경기에서
루니는 자신의 커리어 최고의 골을 터뜨리며 전 세계를 놀라게 했다. 어떤 선수가
푸스카스상을 받아도 이상하지 않았지만, 팬들의 선택은 네이마르였다. 메시가 2위,
루니가 3위를 차지했다. 수상자가 발표되자 발롱도르 시상식에 참석한 네이마르는
미소를 지으며 무대 위로 올라갔다. 열아홉 살 브라질 신성은 그렇게 전 세계 축구
팬들의 눈을 사로잡았다. 단상 바로 앞에 앉아 있던 브라질의 전설 펠레는 후배
네이마르의 수상을 흐뭇하게 바라봤다.

"

좋은 저녁입니다, 여러분.
이 시상식에 참가할 수 있어 정말 기쁩니다.
많은 골을 이기고, 특히 두 명의 위대한 선수들을 넘고
푸스카스상을 수상하게 됐습니다.
전 그들의 팬입니다.
우선 하느님께 감사드리고 싶습니다.
그리고 이곳에 있는 모든 분들께도 감사드립니다.
아주 좋은 시상식입니다!

"

슈퍼스타의
아버지,
네이마르
시니어

네이마르 주니어의 부친 네이마르 시니어는 슈퍼스타를 만든 인물이다. 네이마르에게 축구의 즐거움을 알려줬고, 훗날 그가 바르셀로나, 파리 생제르맹 같은 빅클럽으로 이적할 때 에이전트 역할로 천문학적인 돈을 벌었다. 물론 바르셀로나 이적 당시 탈세 논란으로 어두운 시기를 보내기도 했다. 명과 암이 있는 인물이지만 네이마르에 대해 이야기할 때 결코 빼놓을 수 없는 사람이다. 자신의 아들을 슈퍼스타로 만든 네이마르 시니어는 어떤 사람일까.

네이마르 시니어는 상파울루의 교외 지역에서 태어나 힘든 생활을 했다. 종종 전기가 끊기기도 했는데 그때마다 작은 집을 촛불로 밝히며 생활했다. 그는 축구를 좋아했던 청년이었다. 브라질 하부 리그에서 축구선수를 했는데 안타깝게도 특별한 모습을 보여주지는 못했다. 네이마르를 보면 분명 재능은 있었는데 이를 꽃피우지 못한 것으로 보인다. 네이마르 시니어는 30대 초반에 교통사고로 인해 부상이 발생해 어쩔 수 없이 축구선수 생활을 끝내게 됐다. 네이마르 시니어는 자신의 아들 네이마르를 세계적인 스타로 만들기 위해 노력했다. 그는 우선 아들의 직업적, 상업적 생활을 철저하게 통제했다. 그러면서 동시에 아들을 위해 방패가 됐다. 자신이 겪었던 불운들이 아들에게 가지 않게 최선을 다했다. 네이마르 시니어는 "축구는 나에게 좋은 선물을 주지 않았습니다. 난 행복한 사람도 아니었습니다. 서른두 살이라는 나이에 한 푼도 없이 축구를 그만뒀습니다."라며 힘든 시기를 떠올리기도 했다. 아버지는 아들을 위해 모든 걸 했다. 네이마르가 청소년 시절 관중석에서 한 팬으로부터 야유를 받자, 네이마르 시니어는 그 관중과 싸우며 아들을 지켜냈다. 과잉보호일 수 있지만 그만큼 네이마르 시니어는 간절했다. 네이마르 시니어는 아들을 전문적으로 관리하기 위해 N&N이라는 회사를 설립해 다양한 비즈니스 활동을 하고 있다.

네이마르 시니어는 슈퍼스타가 된 지금까지도 아들을 철저하게 관리하고 있다. 언론들의 인터뷰 요청은 여전히 아버지에게 가장 먼저 전달이 된다. 네이마르의 커리어를 관리하고, 인간관계에 대해서도 조언을 아끼지 않는다. 네이마르가 경기장에 가기 전 가장 먼저 하는 일 중 하나는 핸드폰을 확인하는 것이다. 아버지에게서 온 중요한 메시지가 있는지 확인하기 위해서다. 네이마르 시니어는 자기 아들이 실수했다고 판단하면 주저하지 않고 바로 이야기하는 비판자의 역할을 하고 있다. 물론 멘토로서 동기부여도 확실하게 책임지고 있지만, 다른 아버지들보다 더 냉정하게 아들을 대하고 있다. 네이마르도 이에 대해 큰 불만을 품지 않고 아버지의 말을 따르고 있다. 네이마르 시니어가 이렇게까지 하는 이유는 자기 아들이 다른 사람들에게 이용당하는 것을 항상 우려하고 있기 때문이다. 그는 사무실이 있는 상파울루에서 스페인 바르셀로나, 프랑스 파리 등 전 세계를 이동하며 네이마르를 살피고 있다. 일반 사람들이 볼 때는 과하다는 느낌도 있다. 아들이 아니라 비즈니스 대상으로 보일 때가 많기 때문이다. 이에 대해 네이마르 시니어는 "사람들은 내가 아들을 사업 대상처럼 대하고 있다고 말할 수 있습니다. 물론입니다. 어느 시점까지는 내 아들이 맞지만, 네이마르가 집 밖을 나가는 순간부터는 내 사업 파트너가 됩니다."라고 말하기도 했다.

비판의 시선도 있다. 네이마르와 가장 오래 지냈던 매니저 에두아르두 무사는 그의 아버지가 아들을 망치고 있다고 비판했다. 그는 "네이마르는 자신의 곁에 오래 있었던 인물들을 신뢰합니다. 그의 아버지에게는 더욱 특별한 대우를 하는데 그게 네이마르를 해치고 있습니다. 네이마르 시니어는 자신이 엄청난 프로인 것처럼 행동하며 네이마르의 모든 행동 하나하나를 지휘할 수 있다고 생각합니다. 하지만 그는 그럴 능력이 없습니다. 네이마르는 사람들의 말에 귀를 기울이는 관대한 사람입니다. 하지만 대중들은 전혀 다른 이미지를 갖고 있습니다. 네이마르의 이미지가 이렇게 된 것에 대해서는 그의 아버지가 책임을 져야 합니다"라고 했다.

슈퍼스타를 만든 아버지부터 탈세 사건의 주범까지 네이마르 시니어를 바라보는 시선은 다양하다. 하지만 분명한 건 그가 네이마르를 슈퍼스타로 만들었다는 것이다. 불운했던 자신의 커리어를 딛고 아들을 세계적인 스타로 만들었다. 네이마르는 그런 아버지를 믿고 지금까지도 동행을 이어가고 있다. 실패한 축구선수였던 네이마르 시니어는 이제 천문학적인 돈을 버는 사업가가 됐다. 네이마르 시니어, 그는 훌륭한 아버지이자 훌륭한 사업가다.

Neymar
In
Barcelona

바르셀로나 역사상 이렇게 뛴 시간 대비 강한 인상을 남긴 선수가 있을까?
네이마르는 호나우지뉴에 밀리지 않는 활약을 보여줬다.
호나우지뉴가 네이마르를 자신의 후계자라고 인정했으니 시간이 지날수록
브라질 마법사들의 활약은 바르셀로나 역사에 더 진하게 남아 있을 것 같다.

네이마르는 전 세계 최고의 선수가 될 수 있습니다.
네이마르는 새로운 현상입니다. 저와 다른 브라질 선수가
새로운 역사를 만드는 걸 지켜보는 건 정말 즐거운 일입니다.

_호나우지뉴

01

바르셀로나에 온
브라질 축구 천재

브라질에서 모든 걸 이루고 유럽에 진출한 네이마르는 많은 사람들의 기대를 받았다. 컨페더레이션스컵에서 브라질을 우승으로 이끌고, 대회 최우수 선수상을 받았기 때문에 기대할 수밖에 없는 재능이었다. 브라질의 축구 천재 네이마르의 스페인 바르셀로나 첫 시즌은 어땠을까. 네이마르의 비공식 데뷔전은 2013-14시즌을 앞두고 치른 프리시즌 친선경기 레히아 그단스크(폴란드)전이었다. 벤치에서 경기를 출발한 네이마르는 카메라를 응시하며 손가락을 돌렸다. 교체 투입을 원한다는 뜻이었다. 열심히 몸을 풀던 네이마르는 마침내 후반 33분 알렉시스 산체스와 교체돼 바르셀로나 유니폼을 입고 첫 번째 경기를 치렀다. 경기장에 있는 수많은 팬들이 뜨거운 박수를 보냈다. 네이마르는 팬들의 환호에 보답하듯 화려한 드리블을 시도했지만, 상대 선수들은 거친 파울로 대응했다. 그런 탓에 특별한 모습을 보여주지 못했고 새로운 동료들과 호흡을 맞춘 것에 의미를 둔 채 첫 번째 경기를 마쳤다. 비공식 첫 번째 득점은 프리시즌에 치른 태국 올스타전이었다. 이 경기에서 네이마르는 선발로 나섰는데 전반 11분 세스크 파브레가스의 패스를 논스톱 슈팅으로 해결하며 첫 골을 터뜨렸다. 프리시즌이라 비공식 득점이었지만 그래도 네이마르는 활짝 웃으며 새로운 생활을 시작했다.

네이마르의 바르셀로나 공식 데뷔전은 스페인 라리가 개막전 레반테전이었다. 이 경기에서 네이마르는 알렉시스 산체스와 교체돼 경기에 투입됐다. 네이마르의 골은 없었지만 팀은 무려 7-0 대승을 거뒀다. 네이마르는 알렉시스 산체스, 페드로 로드리게스와 함께 주전 경쟁을 펼쳤다. 리오넬 메시가 주전으로 뛰고 나머지 두 자리를 놓고 세 선수가 경쟁했다. 당시 산체스는 '메없산왕(메시가 없으면 산체스가 왕)'이라는 별명이 있을 정도로 월드클래스의 모습을 보여주던 시기였다. 페드로 역시 바르셀로나에 없어서는 안 될 중요한 자원이었다. 네이마르는 이들과 주전 경쟁을 펼쳤는데 첫 시즌이지만 꽤 많은 경기에 나서며 티토 빌라노바 감독의 뒤를 이어 팀을 이끌게 된 헤라르도 마르티노 감독의 신임을 받았다. 네이마르의 바르셀로나 공식 데뷔골은 아틀레티코 마드리드를 상대한 수페르코파 데 에스파냐 1차전에서 나왔다. 네이마르는 후반 14분 페드로와 교체돼 경기장을 밟았는데 후반 21분 경기를 1-1로 만드는 동점골을 터뜨렸다. 오른쪽 측면에서 올라온 브라질 선배 다니 알베스의 크로스를 머리로 정확하게 맞추며 데뷔골을 터뜨렸다. 두 팀의 2차전이 0-0으로 끝났기 때문에 원정 다득점 원칙으로 바르셀로나가 우승을 차지했다. 신입생 네이마르의 골이 우승 트로피로 바뀌었다. 네이마르는 이적 첫 시즌부터 좋은 활약을 펼쳤다. UEFA 챔피언스리그 데뷔전에서도 네이마르는 번뜩이는 모습을 보여줬다. 홈에서 아약스를 상대했는데 정확한 패스로 헤라드 피케의 득점을 도우며 팀 승리에 기여했다. 라리가 데뷔골도 곧바로 터졌다. 네이마르는 캄프 누에서 열린 레알 소시에다드전에서 선발로 출전했다. 이른 시간 기회가 찾아왔다. 전반 4분 산체스가 오른쪽 측면에서 크로스를 올렸는데 절묘하게 수비 라인과 골키퍼 사이로 공이 들어왔다. 소시에다드 선수들은 서로 공을 처리하기를 기다렸고 그 틈에 네이마르가 빠르게 쇄도해 가볍게 공을 밀어 넣었다. 네이마르의 라리가 데뷔골은 이렇게 터졌다. 네이마르는 활짝 웃으며 메시, 이니에스타와 포옹을 나눴다. 네이마르의 마법은 계속됐다. 전반 7분 왼쪽 측면에서 삼바 리듬으로 수비수들을 속이며 전방까지 질주했고 이후 정확한 크로스로 메시의 득점을 도왔다. 브라질 최고의 선수와 아르헨티나를 넘어 전 세계 최고의 선수가 합작한 첫 번째 골이었다. 그리고 10월 26일 네이마르는 전 세계에서 가장 치열한 더비 매치, 엘 클라시코를 경험하게

된다. 네이마르는 파브레가스, 메시와 함께 전방에 섰다. 바르셀로나는 제로톱 카드를 꺼냈는데 중앙 공격수 자리에선 파브레가스가 사실상 공격형 미드필더 역할을 수행했고, 메시와 네이마르가 투톱을 구성했다. 레알 마드리드는 만만한 팀이 아니었다. 득점 기계 크리스티아누 호날두가 있었고 앙헬 디 마리아와 가레스 베일이 좌우에서 공격을 시도했다. 네이마르는 적으로 만난 브라질 선배 마르셀루와 포옹을 나누며 첫 번째 엘 클라시코를 시작했다. 엘 클라시코는 역시 거칠었다. 전반 13분 네이마르는 공중볼 경합 과정에서 세르히오 라모스에게 거의 가격을 당해 쓰러졌고, 바로 이어진 상황에서도 라모스의 팔꿈치에 밀려 그대로 바닥에 넘어졌다. 네이마르는 엘 클라시코의 뜨거움을 온몸으로 느꼈다. 네이마르는 서서히 경기에 적응하기 시작했고, 결국 전반 18분 자신의 첫 엘 클라시코에서 레알의 골망을 흔드는 특별한 경험을 하게 된다. 왼쪽 측면에 있던 네이마르는 이니에스타의 패스를 받아 슈팅 동작으로 수비수 한 명의 스텝을 꼬이게 했고, 이후 바로 오른발 슈팅을 날리며 득점을 기록했다. 네이마르는 캄프 누에 가득 찬 바르셀로나 팬들과 함께 포효하며 엄청난 분위기를 즐겼다. 네이마르의 활약은 여기서 멈추지 않았다. 후반 32분에는 쇄도하는 산체스에게 정확한 패스를 찔렀고 산체스는 이를 아름다운 칩슛으로 해결해 경기를 2-0으로 만들었다. 네이마르는 1골 1도움을 기록하며 팀의 승리를 이끌었다. 경기가 끝난 후 메시는 자신의 SNS에 한 사진을 올렸는데 라커룸에서 동료들이 환하게 웃고 있는 모습이었다. 이 사진에서 네이마르는 가운데 자리하며 메시가 그를 인정하고 있다는 걸 확인할 수 있었다.

모든 게 순조로웠다. 경기장 안팎에서 네이마르는 바르셀로나에 녹아들며 데뷔 시즌부터 유럽 최고의 선수로 활약했다. 일부 유럽의 비평가들은 유럽 경험이 없는 빼빼 마른 네이마르의 바르셀로나 이적을 두고 '유튜브 스타가 성공할 가능성은 매우 희박하다'는 비판을 하며 그의 성공 가능성을 부정적으로 바라봤다. 심지어 네이마르가 컨페더레이션스컵에서 브라질을 우승으로 이끈 후에도 '네이마르가 바르셀로나 플레이 스타일에 적응하는 건 어렵다'며 끊임없이 그를 의심했다. 하지만 네이마르는 활약으로 모든 걸 해명했다. 네이마르는 바르셀로나 합류 직전에도 "저는 이미 유럽 축구에 적응했습니다. 대표팀에서도 더 빨라야 하고 팀원들에게 공간을 열어주는

오프 더 볼 움직임을 보여야 합니다. 나는 몇 주
전에 이것에 대해 알아차렸습니다."라며 스펀지처럼
바르셀로나 축구를 받아들이겠다고 밝혔다. 그의
말은 사실이 됐다. 언어도 큰 문제가 되지 않았다.
브라질 사람인 네이마르는 포르투갈어를 사용했는데
포르투갈어와 스페인어는 문법, 구조, 어휘가 매우
유사해 기본적인 의사소통에는 큰 어려움이 없었다.
네이마르는 순조롭게 바르셀로나에 적응했다. 자신이
함께 뛰고 싶다고 말했던 메시, 사비, 이니에스타,
부스케츠 등 세계적인 스타들 사이에서 네이마르는
주눅 들지 않고 자신의 플레이를 펼쳤다. 물론
플레이 자체만 보면 기존의 바르셀로나 플레이와
분명 이질감이 있었다. 바르셀로나 선수들은 일명
티키타카(Tiki-Taka) 축구를 펼치며 패스를 자주
주고받았다. 공은 쉴 새 없이 경기장 이곳저곳으로
움직였고, 그러는 사이 상대 팀의 빈틈이 보이면 바로
그쪽으로 공격이 진행되며 위험한 장면을 만들었다.
반면, 네이마르는 일단 공을 잡으면 드리블을 위해
공을 멈춰 뒀다. 개인플레이를 자주 보여줬는데
바르셀로나의 템포가 급격히 끊기는 불안한 모습을
보이기도 했다. 또 라리가의 수비수들은 네이마르의
개인기를 가만히 보고만 있지 않았다. 거친 파울로
네이마르를 내동댕이치며 유럽의 축구를 알려줬다.
네이마르는 산투스와 브라질 대표팀에서 화려한
드리블로 상대 수비수를 속이는 플레이를 선호했다.
루이스 펠리페 스콜라리 감독은 그런 네이마르에게
자유로운 역할을 부여하며 그의 천재적인
능력을 최대한 끌어내기 위해 노력했다. 하지만
바르셀로나에서는 달라져야 했다. 이곳에서 네이마르는
수많은 선수 중 하나였다. 변화와 발전 그리고 새로운
시스템에 대한 적응이 필요했다. 네이마르는 자신의
플레이 스타일을 크게 바꾸지 않으면서 조금 더
간결하게 패스 플레이를 하며 한 단계 발전한 모습을
보여줬다. 네이마르는 바르셀로나에서 보낸 첫 시즌
41경기에 나서 15골 11도움을 기록했다. 출전 시간과
골 모두 공격진 중에서 메시, 산체스, 페드로에 이어
네 번째에 자리했다. 공격진 중에서 가장 스탯이
부족했지만, 첫 시즌이라는 걸 감안하면 네이마르는
이미 바르셀로나의 중요 선수였다. 이 시즌은
네이마르가 정상으로 가기 위한 출발점이었다.

02

MSN 라인의 탄생
그리고 트레블

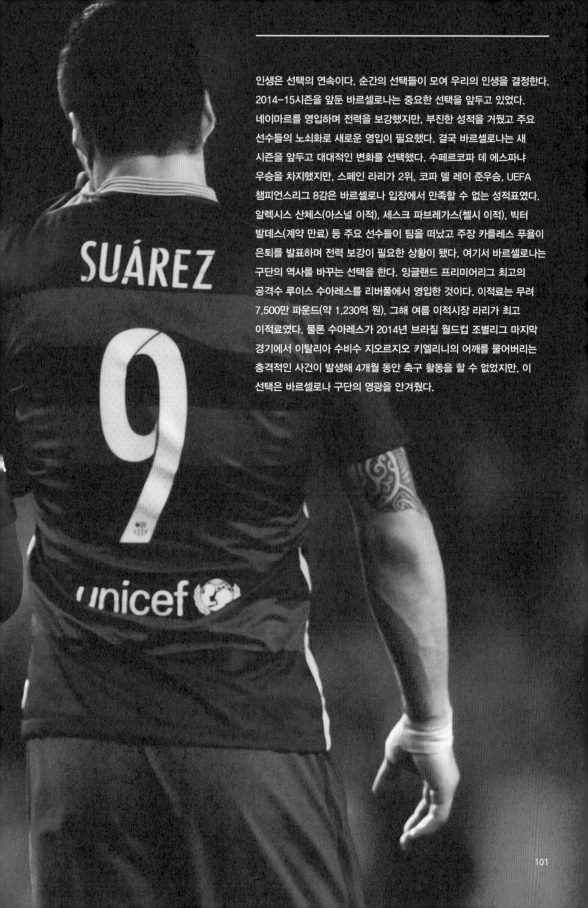

인생은 선택의 연속이다. 순간의 선택들이 모여 우리의 인생을 결정한다. 2014-15시즌을 앞둔 바르셀로나는 중요한 선택을 앞두고 있었다. 네이마르를 영입하며 전력을 보강했지만, 부진한 성적을 거뒀고 주요 선수들의 노쇠화로 새로운 영입이 필요했다. 결국 바르셀로나는 새 시즌을 앞두고 대대적인 변화를 선택했다. 수페르코파 데 에스파냐 우승을 차지했지만, 스페인 라리가 2위, 코파 델 레이 준우승, UEFA 챔피언스리그 8강은 바르셀로나 입장에서 만족할 수 없는 성적표였다. 알렉시스 산체스(아스널 이적), 세스크 파브레가스(첼시 이적), 빅터 발데스(계약 만료) 등 주요 선수들이 팀을 떠났고 주장 카를레스 푸욜이 은퇴를 발표하며 전력 보강이 필요한 상황이 됐다. 여기서 바르셀로나는 구단의 역사를 바꾸는 선택을 한다. 잉글랜드 프리미어리그 최고의 공격수 루이스 수아레스를 리버풀에서 영입한 것이다. 이적료는 무려 7,500만 파운드(약 1,230억 원), 그해 여름 이적시장 라리가 최고 이적료였다. 물론 수아레스가 2014년 브라질 월드컵 조별리그 마지막 경기에서 이탈리아 수비수 지오르지오 키엘리니의 어깨를 물어버리는 충격적인 사건이 발생해 4개월 동안 축구 활동을 할 수 없었지만, 이 선택은 바르셀로나 구단의 영광을 안겨줬다.

수아레스는 FIFA 징계로 인해 입단식도 열지 못했다. 바르셀로나는 혹시 모를 또 다른 '핵 이빨' 사건이 발생하는 걸 우려해 다른 선수를 물 경우 벌금 300만 파운드(약 50억 원)를 낸다는 특수 조항을 계약에 넣었다. 다행히 수아레스는 바르셀로나 유니폼을 입고 다른 선수를 물지 않았다. 아무튼 수아레스가 가세하면서 공격 진영에서 메시에게 집중되던 부담이 분산됐다. 네이마르도 마찬가지였다. 견제가 줄어드니 활동할 공간이 늘어났다. 네이마르는 더욱 활발하게 움직이며 메시와 함께 좌우 측면에서 상대의 수비 라인을 무너뜨렸다. 왼쪽 네이마르,

가운데 수아레스, 오른쪽 메시까지 축구 역사상 가장 위대한 공격 라인 MSN 트리오가 탄생한 순간이었다. 천재는 천재를 알아봤다. 남미에서 온 축구 천재들은 첫 시즌에 바로 특급 호흡을 보여주며 수많은 골을 합작했다. 메시는 이 시즌에만 57경기에서 58골 27도움이라는 무시무시한 공격 포인트를 쌓았고, 네이마르 역시 51경기에서 39골 7도움을 올렸다. 라리가로 온 프리미어리그 최고의 공격수 수아레스는 43경기에서 25골 21도움을 기록했다. 세 선수가 한 시즌에 만든 골이 무려 122골이었다. 스페인 라리가 역사상 단일 시즌

최다골. 세 선수의 공격력은 경이로운 수준이었다. MSN 트리오는 전 세계에서 가장 무서운 공격 라인이 됐다. 이는 성적으로 이어졌다. 스페인 라리가 38경기에서 30승 4무 4패 승점 94점으로 리그 우승을 차지했다. 라이벌 레알 마드리드가 30승 2무 6패 승점 92점으로 바짝 추격했지만, 바르셀로나가 우승 트로피를 들었다. 메시는 43골로 득점 2위, 네이마르는 22골로 득점 3위에 올랐다. 수아레스는 첫 시즌이지만, 16골을 넣으며 8위에 이름을 올렸다. 그렇다면 이 시즌 득점 1위는 누구일까. 숨 쉬듯 골을 넣었던 크리스티아누 호날두다. 무려 48골을 퍼부으며 득점왕을

차지했다. 새삼 대단한 기록이다. 도움에서는 메시가 앞섰다. 19개의 도움으로 1위를 차지했고, 호날두는 17개 도움으로 2위에 올랐다. 3위는 수아레스로 16개 도움을 기록했다. 지금은 메시가 축구 역사상 일인자로 꼽히지만, 그 당시 호날두는 메시를 위협할 수 있는 지구상 유일한 선수였다. 두 선수의 라이벌 관계는 축구 역사 최고의 경쟁이었다.

스페인 국왕컵 코파 델 레이에서는 더 완벽하게 우승을 차지했다. 32강에는 우에스카를 합계 스코어 12-1로 격파했고, 16강에서 만난 엘체를 상대로는 실점 없이 1, 2차전 합계 9-0 대승을 거뒀다. 8강에서는 난적 아틀레티코 마드리드를 만났는데 1, 2차전 모두 승리하며 4-2로 4강에 올랐다. 바르셀로나의 MSN 라인을 막을 수 있는 팀은 없었다. 4강에서는 비야레알에 합계 스코어 6-2로 승리를 거뒀고, 결승전에서는 아틀레틱 빌바오를 3-1로 제압하며 우승 트로피를 들었다. 네이마르는 이 대회에서 7골을 넣으며 이아고 아스파스(세비야)와 함께 득점왕에 올랐다. 메시는 5골로 득점 공동 3위를 차지했다. MSN 라인의 무서움을 전 세계에 알린 대회는 2014-15시즌 UEFA 챔피언스리그였다. 바르셀로나는 파리 생제르맹, 아약스, 아포엘과 함께 F조에 속했는데 5승 1패의 성적을 거두며 조 1위로 16강 진출에 성공했다. 16강에서 만난 상대는 프리미어리그의 신흥 강호 맨체스터 시티였다. 여기서 바르셀로나는 1, 2차전에서 모두 승리하며 8강에 올랐다. 바르셀로나는 8강에서 조별리그에서 만났던 파리 생제르맹을 상대했다. 결과는 합계 5-1 승리였다. 4강에서는 독일의 절대 1강 바이에른 뮌헨이 바르셀로나를 기다리고 있었다. 하지만 단단한 바위 같은 바이에른 뮌헨의 수비도 MSN 라인 앞에서는 모래알 같았다. 1차전에서 3-0 완승을 거둔 바르셀로나는 2차전에서 2-3으로 패배했지만, 합계 스코어 5-3으로 결승 진출에 성공했다. 그리고 결승에서 유벤투스를 3-1로 제압하며 빅이어를 들었다. 네이마르와 메시가 10골로 득점왕을 차지했고, 수아레스는 7골로 5위에 올랐다. 메시는 6개의 도움을 기록하며 도움 1위까지 차지했다. 이 우승으로 바르셀로나는 축구 역사상 최초로 두 번째 트레블을 달성한 구단이 됐다. 바르셀로나는 2008-09시즌 펩 과르디올라 감독과 함께 트레블의 영광을 쓴 경험이 있는데 6년 뒤 루이스 엔리케 감독과 함께 또다시 트레블을 달성하며 축구 역사에 새로운 기록을 쓰게 됐다.

MSN 라인이 전 세계를 가장 경악하게 만든 경기는 단연 UEFA 챔피언스리그
결승전 유벤투스전이다. 왼쪽 측면 공격수로 출전한 네이마르는 전반 4분
가벼운 발재간으로 수비수 세 명을 끌어당겼다. 그때 이니에스타가 빈 공간으로
질주했고, 네이마르는 가볍게 패스를 찔렀다. 이를 받은 이니에스타는 중앙에
있던 라키티치에게 패스를 전달했고 논스톱 슈팅으로 첫 골이 터졌다. 네이마르가
얼마나 수비수들에게 부담이 되는 존재인지 확인할 수 있는 장면이다. 후반
초반에는 골로 연결되지 않았지만, MSN 라인의 무서움을 알 수 있는 모습이
나왔다. 메시가 네이마르에게 패스를 전했고 네이마르는 이를 뒷발로 살짝
내줬다. 공을 받은 메시는 이번에는 수아레스와 원투패스를 주고받았고 슈팅까지
이어졌다. 3-4초 사이에 나온 순간적인 공격 장면이었지만, 유벤투스 수비수들은
아무것도 하지 못하고 이들의 마법 같은 패스를 바라볼 수밖에 없었다. 두 번째
골도 MSN 라인이 만들었다. 메시가 중앙선부터 드리블로 페널티박스 앞까지
왔고 강력한 왼발 슈팅을 날렸다. 이를 잔루이지 부폰이 제대로 걷어내지 못하자
수아레스가 쇄도해 추가골을 기록했다. 경기를 승리로 이끈 세 번째 골도 MSN
라인이 만들었다. 역습 상황에서 메시가 쇄도하는 네이마르에게 패스를 전달했다.
이를 받은 네이마르는 잠시 고민하더니 오른쪽에 있는 페드로에게 패스를 줬고
이후 수비가 멀어진 틈에 다시 패스를 받아 슈팅으로 득점을 기록했다. 이 골로
바르셀로나는 챔피언스리그 우승에 성공했다.

MSN 라인의 가장 큰 무서움은 정해진 역할이 따로 없다는 것이다. 수아레스가
중앙 공격수로 분류되지만, 실제 경기를 보면 세 선수는 유기적으로 움직이며
포지션을 특정하기 어렵다. 수비수 입장에서는 지옥 같은 상황이다. 메시는
엄청난 득점력을 갖고 있지만 플레이 메이커 역할도 세계 최정상급이다.
네이마르는 화려한 드리블로 측면에서 수비수들을 무너뜨리는 윙어처럼
보이지만 중앙으로 자주 침투하며 폭넓은 활동 반경을 보여준다. 수아레스는
세 선수 중 가장 중앙 공격수의 모습을 띠고 있지만 측면으로 자주 이동해

날카로운 크로스를 올리기도 한다. 수비수는 누구를 막아야 할지 고민하는 사이 실점을 허용하게 된다. 경기장 밖에서도 친한 세 선수는 경기장 안에서는 상대의 마음을 훤히 읽으며 경기를 운영한다. 마치 축구 게임을 하는 것처럼 한 사람이 세 선수 모두를 조작하는 것 같은 느낌이다. 개인마다 득점력도 뛰어나고, 도움을 줄 수 있는 패스 능력도 보유하고 있다. 여기에 수비 한두 명은 가볍게 제칠 수 있는 개인 능력까지 있어 완벽한 공격 조합으로 평가받는다. 세 선수는 성격적으로도 잘 맞았다. 경기 중 페널티킥 같은 득점 기회가 왔을 때 욕심을 부리지 않고 서로 양보를 했다. 자신이 득점을 기록하는 것도 중요하지만 다른 동료의 득점을 만들어 주는 것도 중요하게 생각했다. 사실 수아레스가 영입될 때만 해도 세 선수의 역할이 겹쳐 바르셀로나 공격의 역동성이 떨어질 수 있다는 우려의 시선도 있었다. 하지만 MSN 라인은 역사적인 트레블을 이끌어내며 그런 비판을 보기 좋게 깨뜨렸다. 레알 마드리드가 보유했던 BBC 라인과 비교되며 전 세계 최고의 공격 조합으로 평가받았던 MSN 라인. 그 이후 다양한 팀들에서 다양한 공격 조합이 나왔지만, 지금까지도 MSN 라인을 뛰어넘는 공격 트리오는 나오지 않고 있다. 우리가 MSN 라인을 지금까지 추억하고, 그리워하는 이유다.

03

네이마르는
왜 막기 어려울까

네이마르의 경기를 보면 수비수들이 허수아비처럼 쓰러지는 모습을 자주 볼 수 있다. 그 수비수들도 세계 최고의 리그에서 뛰고 있는 선수들로 각국 대표팀에서도 한자리를 차지하고 있는 수준급 선수들이다. 아마 전 세계 축구 선수들로 범위를 넓혀보면 0.1%에 해당하는 선수들일 것 같다. 그럼에도 네이마르의 동작 하나에 허무하게 무너지는 걸 보면 이상하기도 하고 심지어 답답함까지 들 정도. 빅리그에서 뛰는 최고의 수비수들은 왜 네이마르를 막지 못하는 걸까. 네이마르는 어떤 마법을 부리는 걸까.

네이마르의 가장 큰 무기는 역시 드리블이다. 브라질리언 특유의 삼바 리듬을 장착한 네이마르는 경기 템포를 혼자 갖고 놀며 상대 수비수들을 바보로 만든다. 동작 하나로 템포를 빼앗은 뒤 순간적으로 치고 나가는 모습을 자주 보여주는데 아무리 속도가 빠른 수비수라고 해도 쉽게 막을 수 없다. 프리미어리그에서 가장 빠른 수비수 맨체스터 시티의 카일 워커는 가장 막기 어려웠던 상대로 네이마르를 선택하기도 했다. 네이마르는 단순히 속도로 막을 수 있는 선수가 아니다. 만약 속도 경쟁에서 이긴다고 해도 네이마르는 급격한 방향 전환에 능하기 때문에 한 번 더 수를 생각해야 한다. 수비수 입장에서는 참 곤란한 상대다. 또 네이마르는 수비수와 일대일로 맞서는 상황을 즐기는데 개인기와 일대일 돌파에 상당한 자신감을 갖고 있다는 뜻이다. 보통 윙어들은 빈 공간으로 침투를 하며 자신의 속도를 살리는데 네이마르는 이 공간을 스스로 창출할 수 있는 선수다. 화려한 개인기와 발재간으로 다수의 수비수를 속이며 앞으로 전진하는 모습은 경이롭기까지 하다. 일부 아쉬운 브라질 선수들에게 볼 수 있는 과도한 개인기가 아니다. 네이마르는 적재적소에 필요한 기술들을 활용한다. 가끔은 실용성이 떨어지는 화려한 레인보우 플릭(사포) 기술을 쓰며 수비수들을 자극하지만, 팬들은 이런 모습에 환호를 보낸다. 이마저도 상대 수비수들을 속이는 데 성공한다. 이외에도 마르세유 턴, 스텝 오버(헛다리), 백힐 등 다양한 기술들을 자유자재로 쓰며 수비수들에게는 악몽을, 팬들에게는 화려한 쇼를 보여준다. 외계인 호나우지뉴도 어린 시절부터 네이마르의 기술을 인정했다. 그는 "네이마르는 아직 어리지만, 그가 얼마나 특별한 선수가 될지는 말할 필요가 없습니다. 네이마르는 앞으로 2, 3년 안에 세계 최고의 선수가 될 것입니다."라고 평가하기도 했다. 세계적인 명장 펩 과르디올라 감독은 네이마르의 순수 재능은 리오넬 메시와 대등한 수준이라고 밝히기도 했다. 과르디올라 감독은 "메시와 가장 가까운 수준의 개인 재능을 가진 선수는 네이마르입니다. 특히 창의성 측면에서는 더욱 그렇습니다."라고 말하기도 했다. 네이마르는 측면 공격수로 알려져 있지만 중앙 공격수, 공격형 미드필더 등 공격 진영에서 다양한 포지션을 소화할 수 있는 선수다. 수비 능력만 빼면 거의 완성형에 가까운 선수다. 해결사와 조력자를 모두 할 수 있는 선수라 감독 입장에서는 무조건 활용해야 하는 선수다. 사실 드리블을 즐겨하는 선수들은 본인이 해결사 역할을 하는 것을

선호하지만 네이마르는 그렇지 않다. 빌드업부터 관여하며 동료들에게 양질의 패스를 전달하고, 중앙과 측면에서 킬 패스로 공격의 출발점 역할도 훌륭하게 소화한다. 속도와 기술 그리고 넓은 시야를 이용해 수비 진영에서 공을 받은 후 빠르게 공격을 전개할 수 있는 능력을 갖추고 있다. 바르셀로나 입단 초기에는 리오넬 메시의 한쪽 파트너에 불과했는데 시즌이 진행될수록 네이마르도 성장했다. 어떤 경기에서는 메시보다 경기 전체에 영향력을 미치기도 했다. 메시는 수비 가담을 거의 하지 않기 때문에 전방에 있지만 네이마르는 폭넓은 활동량으로 수비 진영과 공격 진영에서 모두 위협적인 모습을 보여줬다. 파리

전방에는 비니시우스, 히샬리송, 하피냐가 섰고 네이마르는 루카스 파케타와 함께 중원에서 공격을 책임졌다. 역시 네이마르는 네이마르였다. 수비수 두세 명을 몰고 다니며 공간을 만들었고 그로 인해 전방에 선 세 명의 공격수에게 많은 기회가 생겼다. 전반 6분 하피냐의 크로스가 올라왔을 때 네이마르는 이를 살짝 내줬고 비니시우스의 첫 골로 이어졌다. 전반 10분 히샬리송이 얻어낸 페널티킥도 직접 해결했는데 끝까지 김승규의 움직임을 확인한 뒤 정확한 슈팅으로 추가골을 기록했다. 선방에 자신이 있는 김승규 골키퍼도 몸을 제대로 움직일 수 없는 페널티킥이었다. 네이마르는 중앙선 밑까지 자주 내려와 공을 잡아 전방으로 방출했다. 또 위협적인 드리블로 이재성, 김문환을 경기 내내 힘들게 만들었다. 네이마르가 엄청난 활약을 한 경기는 아니었지만, 그의 장점을 충분히 확인할 수 있는 경기였다.

네이마르는 공을 움직일 때도 무섭지만, 공이 멈춰 있을 때도 무서운 선수다. 킥의 정확도가 상당히 날카롭기 때문이다. 페널티킥과 프리킥에서 꽤 많은 골을 기록했다. 우선 페널티킥을 보면 골키퍼의 타이밍을 빼앗는 걸 선호한다. 마음속으로 원하는 방향을 정하고 강하게 슈팅을 날리는 것이 아닌 골키퍼의 시선과 움직임을 끝까지 파악하고 득점 확률이 가장 높은 방향으로 공을 찬다. 네이마르의 페널티킥을 막는 골키퍼들이 맥없이 무너지는 모습을 보이는 것이 바로 그런 이유다. 프리킥은 더 위협적이다. 거리에 상관없이 상당히 회전이 많이 들어간 킥을 날리는데 동시에 궤적이 날카로워 막기 어렵다. 강하게 슈팅을 하기보다는 정확하게 골키퍼가 손을 쓸 수 없는 방향으로 킥을 찬다. 또 슈팅만 하는 게 아니라 정확한 킥으로 동료의 득점을 돕기도 한다. 네이마르는 피지컬에 강점이 있는 선수가 아니라 코너킥도 자주 차는데 여기서도 그의 천재성을 확인할 수 있다. 일반적인 크로스도 있지만 때로는 슈팅에 가까운 크로스를 올린다. 이런 크로스는 상대 수비 입장에서는 정확히 처리하기 어렵고, 같은 동료 입장에서는 맞추기만 한다면 득점에 가까운 장면을 만들 수 있다. 2017-18시즌 프랑스 리그앙 3라운드 툴루즈전에서 네이마르는 이 위협적인 코너킥을 보여주며 경기장을 찾은 관중들을 놀라게 했다. 후반 39분 네이마르는 왼쪽 코너킥을 찼는데 공이 휘지 않고 직선으로 날아갔다. 크로스보다는 슈팅에 더 가까운 모습이었다. 이를 쿠르자와가 환상적인 바이시클킥으로 해결하며 득점에

생제르맹에서는 그 모습이 완성형이 됐다. 킬리안 음바페 역시 메시처럼 최전방에서 공격 기회를 기다리고 있는 선수인데 네이마르가 측면과 중앙을 오가며 많은 기회를 만들었다. 바르셀로나 유니폼을 입은 네이마르는 골 욕심이 많은 선수가 아니라 공격 찬스를 만드는 데 집중했다. 또 동료들에게 기회만 만들어 주는 것이 아니라 적절한 타이밍에는 본인이 직접 위협적인 장면을 만들어 슈팅을 날리며 득점을 기록하기도 한다. 한국 축구 팬들이라면 무조건 봤을 2022년 카타르 월드컵 16강전 한국과 브라질의 경기를 보면 네이마르의 강점을 확인할 수 있다. 네이마르는 4-3-3 포메이션에서 왼쪽 미드필더로 나왔다.

성공했다. 화려하게 빛나는 플레이 스타일의 그림자로
가려졌지만, 네이마르는 데드볼 스페셜리스트이기도 하다.
하지만 네이마르의 플레이에도 비판 요소는 있다. 바로
과도한 할리우드 액션이다. 네이마르는 플레이 특성상 공을
갖고 있는 시간이 많은데 자연스럽게 수비수들의 거친
태클을 마주하게 된다. 드리블러의 숙명이다. 네이마르는
자신의 몸을 보호하려고 하는 것인지 작은 태클에도 크게
반응을 한다. 실제로 거친 태클을 당한 뒤 극심한 통증을
호소하는 경우도 있지만, 살짝 부딪힌 후 경기장을 수차례
뒹굴며 모두를 당황하게 만든 순간도 많다. 작은 충돌인데
마치 총을 맞은 것처럼 바닥을 뒹구는 모습은 이를
지켜보는 사람들의 입꼬리를 올라가게 만든다. 네이마르의
다이빙과 할리우드 액션이 과도해지는 건 월드컵 무대.
2018년 러시아 월드컵 조별리그 세르비아전에서는 상대
선수의 태클에 걸려 넘어졌는데 무려 네 바퀴를 굴렀다.
브라질의 의료진이 급히 들어왔지만, 네이마르는 머쓱하게
일어났다. 그러고는 아무런 문제 없이 경기를 소화했다.
16강 멕시코전에서는 미겔 라윤에게 살짝 발이 밟혔는데
바닥을 데굴데굴 구르며 극심한 통증을 호소해 모두를
놀라게 했다. 느린 화면에서 실제로 발이 밟힌 것이
보였지만, 이 정도의 통증을 호소할 장면은 아니었다.
수많은 팬들은 네이마르의 과도한 액션을 조롱했다.
네이마르가 오스카상을 수상하는 패러디 영상이 나올
정도였다. 맨체스터 유나이티드 레전드 에릭 칸토나는
이런 네이마르를 보고 "아주 훌륭한 배우입니다. 살짝만
만져도 바퀴 달린 여행 가방처럼 빙글빙글 돌아갑니다.
오른쪽 어깨를 맞았는데 왼쪽 뺨을 잡고 울면 안 됩니다"고
말하기도 했다. 이런 행동은 역효과를 일으켰다. 심판들이
네이마르에게 속지 않기 위해 오히려 파울을 더 적게 부는
것이다. 실제로 파울이지만 심판들은 네이마르의 과도한
액션으로 판단하고 파울을 선언하지 않은 장면도 많았다.
이후 비디오 판독까지 더해지며 네이마르의 할리우드
액션은 점점 줄어들게 된다. 최근에도 과도한 액션은
있지만 이때처럼 헛웃음이 나오는 할리우드 액션은 하지
않고 있다.
또 하나의 약점을 꼽자면 신체 경합, 흔히 말하는
몸싸움이다. 네이마르는 175cm, 68kg이라는 평범한 신체
조건을 갖고 있다. 유럽의 빅리그에서 뛰고 있는 중앙
수비수들 옆에 서면 왜소함까지 느껴질 정도다. 네이마르는
영리한 선수라 거친 경합이 들어오기 전 대개 공을

방출시키지만, 드리블을 시도할 때면 계속해서 상대 선수의
경합을 맞이한다. 상대 수비수 입장에서도 이런 특별한
드리블러를 막는 방법은 몇 가지 없다. 거친 몸싸움으로
무게중심을 무너뜨려 공을 이탈시키는 게 최선의 방법이다.

과도한 할리우드 액션은 이 과정에서 부상을 피하기 위한 방어 기제로 나온 것으로 보인다. 네이마르는 실제로 커리어 내내 부상을 많이 당했다. 특히 유럽 진출 후 많은 부상에 시달렸다. 햄스트링, 중족골 부종, 요추 골절, 허벅지 내전근 손상, 발목 염좌, 인대 파열 등 다양한 부상에 신음했다. 이런 부분을 보면 유럽 무대에서 살아남기 위한 네이마르의 과도한 할리우드 액션이 어느 정도 이해가 된다.

MSN U

9 TRO

라리가	2014-15, 2015-16	
코파 델 레이	2014-15, 2015-16, 2016-17	
UEFA 챔피언스리그	2014-15	
FIFA 클럽월드컵	2015	
UEFA 슈퍼컵	2015	
수페르코파 데 에스파냐	2016	

S BBC

PHY 13

 **2016-17** 라리가

 2013-14 코파 델 레이

 2013-14, 2015-16, 2016-17, 2017-18 UEFA 챔피언스리그

 2014, 2016, 2017 FIFA 클럽월드컵

 2014, 2016, 2017 UEFA 슈퍼컵

 2017 수페르코파 데 에스파냐

2013 2014

경기	골	도움			경기	골	도움
-	-	-	MESSI	RONALDO	47	51	16
-	-	-	NEYMAR	BALE	44	22	16
-	-	-	SUAREZ	BENZEMA	52	24	15
					143	*97*	*47*
			LALIGA		92	63	31
			CHAMPIONS LEAGUE		34	28	14

2014 2015

경기	골	도움			경기	골	도움
57	58	27	MESSI	RONALDO	54	61	21
51	39	7	NEYMAR	BALE	48	17	12
43	25	21	SUAREZ	BENZEMA	46	22	13
151	*122*	*55*			*148*	*100*	*46*
98	81	39	LALIGA		95	76	35
35	27	8	CHAMPIONS LEAGUE		30	18	5

2015 2016

경기	골	도움			경기	골	도움
49	41	23	MESSI	RONALDO	48	51	15
49	31	20	NEYMAR	BALE	31	19	12
53	59	22	SUAREZ	BENZEMA	36	28	7
151	*131*	*65*			*115*	*98*	*34*
102	90	44	LALIGA		86	78	28
25	17	8	CHAMPIONS LEAGUE		29	20	6

2016 2017

경기	골	도움			경기	골	도움
52	54	16	MESSI	RONALDO	46	42	12
45	20	19	NEYMAR	BALE	26	9	3
51	37	16	SUAREZ	BENZEMA	48	19	7
148	*111*	*51*			*120*	*70*	*22*
99	79	32		LALIGA	77	43	13
27	18	12		CHAMPIONS LEAGUE	33	19	7

2017 2018

경기	골	도움			경기	골	도움
-	-	-	MESSI	RONALDO	44	44	7
-	-	-	NEYMAR	BALE	39	21	6
-	-	-	SUAREZ	BENZEMA	47	12	11
					130	*77*	*24*
				LALIGA	85	47	17
				CHAMPIONS LEAGUE	29	23	5

SEA SON

364	골 골	442
271	도움 도움	173
111 / 1	분(min.) / 골 분(min.) / 골	132.9 / 1
62.7 / 1	분(min.) / 공격포인트 분(min.) / 공격포인트	78.9 / 1

캄프 누의

COLUMN 2016-17시즌 UEFA 챔피언스리그 16강에서 바르셀로나는 파리 생제르맹을 만났다. 1차전은 최악 그 자체였다. 파리 생제르맹의 홈구장 파르크 데 프랭스에서 경기가 열렸는데 전반 18분 앙헬 디 마리아의 프리킥으로 선제골이 터졌고, 전반 40분 율리안 드락슬러의 추가골이 나왔다. MSN 트리오가 모두 선발로 나섰지만, 이상하게도 별다른 모습을 보여주지 못했다. 드리블은 모두 수비수들에게 막혔고, 중원 싸움에서도 밀려 가까스로 수비만 하는 모양새였다. 이런 상황에 후반 10분 디 마리아의 환상적인 감아차기가 골이 됐고, 후반 27분 에디손 카바니의 쐐기골이 터지며 1차전은 4-0으로 끝났다. 우나이 에메리 감독은 경기장을 뛰어다니며 8강 진출이 확정된 것처럼 기뻐했다. 천하의 바르셀로나라고 해도 0-4의 경기를 뒤집는 건 어려워 보였다. 3주 뒤 바르셀로나의 홈구장 캄프 누에서 2차전이 열렸다. 수많은 바르셀로나 팬들은 실낱같은 기적의 가능성을 믿고 캄프 누를 찾았다. 바르셀로나는 실점 없이 4-0으로 승리해야 연장으로 갈 수 있었다. 연장을 가지 않으려면 5-0의 압도적인 승리가 필요했다. 1차전 경기를 보면 그 가능성은 불가능에 가까웠다. UEFA 챔피언스리그 역사상 1차전 0-4 결과를 뒤집은 전례가 단 한 차례도 없었다는 게 바르셀로나를 더 불안하게 만들었다. 바르셀로나는 간절함을, 파리 생제르맹은 여유와 약간의 자만을 갖고 경기를 시작했다. 엔리케 감독은 네이마르, 수아레스, 하피냐 알칸타라를 전방에 세우고 메시를 공격형 미드필더로 배치하는 공격적인 전술을 선택했다. 빠른 선제골이 나와야 기적이 가능했다. 하늘은 바르셀로나를 도왔다. 전반 3분 수비수가 불안하게 걷어낸 공을 수아레스가 집중력을 갖고 머리로 해결했다. 캄프 누의 온도는 조금씩 올라가기 시작했다. 전반 40분 안드레스 이니에스타가 백힐로 패스를 절렀는데 이를 라이빈 쿠르자와가 걷어내는 과정에서 무릎에 맞아 자책골로 이어졌다. 네이마르는 재빨리 공을 들고 중앙선으로 향했고, 에메리 감독은 초조한 표정으로 경기장을 바라봤다. 후반에도 이 분위기는 이어졌다. 후반 3분 네이마르가 침투 과정에서 뫼니에에게 태클을 당해 넘어졌고 페널티킥을 얻었다. 메시는 이를 가볍게 해결하며 경기를 3-0으로 만들었다. 벤치에 앉아 있던 에메리 감독은 이 실점이 나오자 벌떡 일어나 불안한 표정을 지

었다. 이제 남은 건 딱 1골, 바르셀로나는 거칠게 파리 생제르맹을 몰아붙였다. 파리 생제르맹도 가만히 당하고만 있지 않았다. 루카스 모우라를 빼고 1차전의 영웅 디 마리아를 투입했다. 공세를 이어가던 파리 생제르맹은 결국 후반 17분 쿠르자와의 헤더 패스를 카바니가 해결하며 캄프 누의 온도를 급격히 떨어뜨렸다. 당시에는 원정 다득점 제도가 있었기 때문에 이 실점은 굉장히 치명적이었다. 합산 스코어는 3-5가 됐는데 바르셀로나는 2골을 넣어도 원정 다득점에서 밀려 탈락이었다. 남은 정규 시간은 28분, 이제는 3골이 필요했다. 바르셀로나는 아르다 투란, 세르지 로베르토, 안드레 고메스까지 쓸 수 있는 카드는 모두 꺼냈다. 하지만 그토록 기다린 득점은 나오지 않았다. 바르셀로나의 챔피언스리그 여정은 이렇게 끝나는 것처럼 보였다. 3골이나 필요한 상황, 어느새 경기는 후반 40분대에 접어들며 종료를 바라보고 있었다. 파리 생제르맹 팬들은 춤을 추며 8강 진출을 기다렸다. 바로 그때 기적이 시작됐다. 후반 43분 네이마르는 페널티박스 왼쪽에서 자신이 얻은 프리킥을 직접 해결해 만회골을 기록했다. 케빈 트랍 골키퍼가 손을 쓸 수 없는 궤적으로 공은 빨려 들

어갔다. 총합 스코어는 4-5, 엔리케 감독도 이때까지는 기적을 믿지 못한 것 같다. 담담하게 박수를 치며 선수들을 독려했다. 그리고 2분 뒤 후반 45분 수아레스가 페널티킥을 얻어내며 경기장은 순식간에 용광로처럼 달아올랐다. 이를 네이마르가 차분하게 해결하며 경기는 5-5가 됐다. 하지만 아직도 골이 필요했다. 원정 다득점 원칙으로 이대로 경기가 끝나면 파리 생제르맹이 8강에 가기 때문이다. 딱 1골 더 필요했다. 주심은 추가시간 5분을 선언했다. 바르셀로나는 골키퍼 테어 슈테겐까지 공격에 가담하며 간절하게 1골을 노렸다. 마침내 경기 종료를 1분 남긴 상황, 네이마르가 정확한 크로스를 올렸고, 로베르토가 쇄도해 오른발로 마무리하며 기적이 완성됐다. 엔리케 감독은 선수들이 있는 곳으로 질주했고, 팬들은 감동의 눈물을 흘렸다. 에메리 감독은 악몽을 꾸고 있는 것처럼 인상을 썼고 고개를 푹 숙였다. 경기 종료를 알리는 휘슬이 울리자 캄프 누는 엄청난 환호성으로 가득 찼다. 챔피언스리그 역사상 가장 위대한 역전승이었다. 네이마르는 이 경기 최우수 선수로 선정됐다. 네이마르는 지금까지도 이 경기를 자신의 커리어 최고의 경기로 선택하고 있다.

BARCELONA

당시 브라질 최고의 스타 호마리우는 요한 크루이프 감독의 선택을 받아 PSV 에인트호번을 떠나 바르셀로나 유니폼을 입었다. 첫 시즌부터 호마리우는 폭발했다. 리그 33경기에서 무려 30골을 퍼부으며 득점왕을 차지, 리그 우승을 이끌었다. 호마리우를 보유한 바르셀로나는 UEFA 챔피언스리그 결승전까지 진출했는데 아쉽게도 AC밀란에 0-4로 완패했다. 호마리우의 최고의 경기는 역시 엘 클라시코다. 이 경기에서 호마리우는 해트트릭을 기록하며 바르셀로나는 5-0 대승에 성공했다. 이런 활약으로 호마리우는 1994년 FIFA 올해의 선수상을 수상한다. 하지만 마지막은 좋지 않았다. 술과 여자를 좋아했던 악동 호마리우는 부족한 자기 관리로 크루이프 감독과 잦은 갈등을 겪었고 결국 1995년 1월 바르셀로나를 떠났다. 짧은 시간이었지만 호마리우는 바르셀로나에서 스페인 라리가 우승 1회, 수페르코파 데 에스파냐 우승 1회를 차지하며 강한 인상을 남겼다. 호마리우는 바르셀로나에서 65경기에 나서 39골을 기록했다.

호마리우
ROMARIO
1993-1995

PSV 에인트호번에서 뛰던 스무 살 호나우두는 세계 최고 구단들의 뜨거운 관심을 받았다. 그가 선택한 팀은 바르셀로나였다. 당시 1,950만 달러(약 260억 원)로 이적료 세계 신기록을 쓰며 화려하게 바르셀로나 유니폼을 입었다. 호나우두의 임팩트는 대단했다. 첫 시즌 49경기에 출전해 47골을 터뜨렸는데 이 시즌에만 코파 델 레이 우승, 수페르코파 데 에스파냐 우승, UEFA 위너스컵 우승을 차지했다. 스페인 라리가에서는 37경기에 출전해 34골을 넣으며 득점왕을 차지했다. 하지만 승점 2점 차이로 우승 트로피는 레알 마드리드의 차지가 됐다. 호나우두는 바르셀로나 유니폼을 입고 세계 최고의 공격수로 성장했다. 엄청난 속도, 화려한 개인기, 치명적인 마무리는 누구도 흉내를 낼 수 없는 모습이었다. 결국 호나우두는 1996년 FIFA 올해의 선수상을 받았다. 하지만 재계약에서 문제가 발생했고, 그 틈에 인터밀란이 바이아웃 2,700만 달러(약 365억 원)를 지불해 호나우두를 영입하며 바르셀로나 생활은 불과 1년 만에 끝났다. 훗날 호나우두는 바르셀로나의 라이벌 레알 마드리드의 유니폼을 입는다.

호나우두를 인터밀란으로 보낸 바르셀로나는 새로운 브라질 스타를 영입했다. 바로 데포르티보 라 코루냐에서 뛰던 히바우두다. 이는 성공이었다. 히바우두는 첫 시즌 34경기에서 19골을 넣으며 득점 2위에 올랐고 바르셀로나는 스페인 라리가와 코파 델 레이에서 모두 우승에 성공했다. 반짝 활약이 아니었다. 1998-99시즌에도 24골을 터뜨렸고, 팀의 리그 우승을 이끌었다. 이 활약으로 히바우두는 FIFA 올해의 선수상 그리고 발롱도르를 수상했다. 폭발적인 스피드와 날카로운 골 결정력은 히바우두를 세계 최고의 선수로 만들었다. 문제도 있었다. 루이스 판 할 감독이 부임한 후 히바우두의 활용법을 두고 갈등이 생겼다. 그럼에도 실력은 여전했다. 2000-01시즌에는 23골을 넣으며 득점 2위에 올랐다. 히바우두는 5년 동안 235경기에 나섰고, 130골을 기록했다. 이는 바르셀로나 역대 최다 득점 8위의 놀라운 기록이다. 히바우두는 2002년 한일 월드컵에서 맹활약을 펼치며 우승을 차지한 뒤 AC밀란으로 이적했다.

호나우두

RONALDO

1996-1997

히바우두

RIVALDO

1997-2002

바르셀로나는 2003년 여름 파리 생제르맹에서 뛰던 브라질 유망주 호나우지뉴를 영입했다. 이적료는 무려 2,500만 유로(약 350억 원). 당시 바르셀로나의 재정 상황이 좋지 않아 이 영입은 도박에 가까웠다. 호나우지뉴는 맨체스터 유나이티드의 제안을 거부하고 바르셀로나 유니폼을 입었다. 이 선택은 대성공이었다. 화려한 개인기와 믿을 수 없는 축구 센스를 지닌 호나우지뉴는 바르셀로나의 전성기를 이끌었다. 첫 시즌 45경기에서 22골 11도움을 기록하더니 2005-06시즌에는 45경기에서 26골 20도움을 기록하며 FIFA 올해의 선수상과 발롱도르를 수상했다. 호나우지뉴는 세계 최고의 선수였다. 라이벌 레알 마드리드 팬들에게 박수받은 건 호나우지뉴가 유일했다. 호나우지뉴는 바르셀로나에서 스페인 라리가 우승 2회, 수페르코파 데 에스파냐 우승 2회, UEFA 챔피언스리그 우승 1회를 차지했다. 하지만 자기 관리가 너무나 부족했고, 그로 인해 기량은 뚝뚝 떨어졌다. 결국 바르셀로나는 2008년 여름 호나우지뉴를 AC밀란으로 처분했다.

앞서 소개한 다른 선수들과 비교하면 화려한 선수는 아니었지만, 바르셀로나와 함께 가장 많은 우승 트로피를 들어 올린 브라질리언이다. 세비야에서 눈에 띄는 활약을 한 알베스는 2008년 여름 2,300만 파운드(약 380억 원)의 기본 이적료 그리고 옵션 700만 파운드(약 115억 원)를 기록하며 바르셀로나로 이적했다. 바르셀로나 역사상 가장 비싼 수비수, 알베스는 뛰어난 수비력은 물론 적극적으로 공격에 가담하며 완벽한 현대 풀백의 모습을 보여줬다. 곧바로 주전으로 뛴 그는 2008-09시즌 바르셀로나의 역사적인 6관왕 시즌 핵심 선수로 활약했다. 알베스는 바르셀로나에서 수많은 우승을 차지했다. 스페인 라리가 우승 6회, 코파 델 레이 우승 4회, 수페르코파 데 에스파냐 우승 4회, UEFA 챔피언스리그 우승 3회, UEFA 슈퍼컵 우승 3회, FIFA 클럽월드컵 우승 3회까지 정말 우승을 밥 먹듯이 한 선수다. 알베스는 2016년 유벤투스로 이적하며 바르셀로나를 떠났지만 2021년 단기 계약을 맺으며 바르셀로나로 돌아와 마지막을 멋지게 장식했다.

호나우지뉴
RONALDINHO
2003-2008

다니 알베스
DANI ALVEZ
2008-2016, 2021-2022

Neymar In Paris

도전은 늘 마음을 설레게 하는 단어다. 네이마르는 바르셀로나에서 많은 것을 이뤘고,

앞으로 많은 것을 얻을 수 있는 위치에 있었지만 파리 생제르맹으로 떠났다.

이 선택은 결과론적으로 아쉬움을 남겼지만 네이마르가 어떤 선수인지 알 수 있는 선택이었다.

그는 세계 최고가 되길 원했다.

"

네이마르요? 모든 사람들이 그를 알고 있습니다.
네이마르는 정말 훌륭한 선수입니다.
또 그는 세계 최고의 선수입니다.
우리는 그와 함께 이룬 성과로 행복합니다.
우리는 네이마르가 자랑스럽습니다.
유럽에 대한 메시지요?
우리는 우리만의 길을 생각하고 있습니다.

"

__ 나세르 알 켈라이피 회장

01

지구에서 가장 비싼
축구선수

축구 선수라면 누구나 일인자를 꿈꾼다. 어린 시절에는 프로 선수가 되는 것이 꿈이고, 프로가 된 다음에는 국가대표의 유니폼을 입는 걸 상상해 본다. 또 세계 최고의 리그, 빅클럽에서 뛰는 행복한 꿈을 꾸기도 한다. 하지만 안타깝게도 축구를 시작하는 모든 아이들이 그렇게 성장할 수는 없다. 대다수의 선수는 프로 무대에 오르지도 못하고 축구를 그만두고, 프로 무대에 올라간 선수라고 해도 1, 2년 안에 능력을 보여주지 못한다면 팀에서 사라지게 된다.

네이마르를 파리 생제르맹으로 데려올 수 있어
매우 즐겁고 자랑스럽습니다. 네이마르는 현재
전 세계 축구계에서 가장 뛰어난 선수 중 하나입니다.
그의 위닝 멘탈리티, 강인한 인격, 리더십이 그를
훌륭한 선수로 만들었습니다. 네이마르는 파리
생제르맹에 긍정적인 에너지를 불어넣을 것입니다.
우리는 6년 만에 파리 생제르맹을 최고 수준으로
끌어올리는 매우 야심 찬 프로젝트를 구축했습니다.
오늘 네이마르의 영입으로 우리가 그 프로젝트에 더욱
가까워질 것이라고 확신합니다.
우리의 열렬한 팬 여러분.
우리의 가장 위대한 꿈을 함께 이루길 바랍니다.

_ 나세르 알 켈라이피 파리 생제르맹 회장

네이마르는 모두가 꿈꾸는 특별한 선수였다. 산투스에서
축구를 시작한 뒤 바르셀로나에서 세계 최고의 선수로
성장했다. 브라질 리그에서 뛰던 유튜브 스타는 세계
축구의 중심 무대인 유럽에서도 화려한 플레이를 이어갔다.
2014-15시즌에는 트레블을 달성했는데 리오넬 메시,
크리스티아누 호날두와 함께 10골을 터뜨리며 UEFA
챔피언스리그 득점왕을 차지했다. 2015-16시즌에는
스페인 라리가, 코파 델 레이에서 우승을 차지하며 더블에
성공했다. 이 시즌 네이마르는 49경기에 나서 31골
20도움이라는 무시무시한 모습을 보여줬다. 2016-17시즌
챔피언스리그 16강 캄프 누의 기적에서도 가장 뛰어난
활약을 한 선수는 네이마르였다. 환상적인 프리킥 골과
극적인 로베르토의 결승골 도움은 네이마르의 발에서
시작됐다. 하지만 네이마르는 항상 그들에 가려져 있었다.
바로 축구의 신 리오넬 메시였다. 메시라는 축구 역사상
최고의 선수와 한 팀에 있는 이상 네이마르는 일인자가
될 수 없었다. 캄프 누의 기적에서도 경기 최우수 선수는
네이마르였지만 많은 사람은 메시의 활약을 더 주목했다.
2015-16시즌에는 발롱도르 최종후보 3인에 포함됐는데

운동선수의 삶은 도전에 의해 주도됩니다. 일부는 강요되고, 일부는 선택입니다. 바르셀로나는 도전 그 이상이었습니다. 내가 비디오 게임에서 조작하던 선수들이 있었습니다. 저는 많은 어려움을 안고 스물한 살에 카탈루냐에 도착했습니다. 난 메시, 발데스, 사비, 이니에스타, 푸욜, 피케, 부스케츠 등 내 우상인 선수들과 함께 라커을 공유하며 '클럽 그 이상'인 구단에서 뛰겠다는 기대를 품고 합류한 첫날을 기억합니다. 세계 최고의 선수들과 함께 활약할 수 있는 영광을 누린 것은 내 인생 최고의 경험이었습니다. 이보다 나은 선수들을 볼 수 없을 것이라고 확신합니다. 리오넬 메시는 경기장 안팎에서 내 파트너이자 친구가 됐습니다. 당신과 함께 뛰어 자랑스럽습니다. 메시, 수아레스와 함께 공격에 섰는데 이는 역사적인 기록을 썼습니다. 난 운동선수로서 할 수 있는 모든 걸 이뤘습니다. 잊을 수 없는 순간들을 살았습니다. 바르셀로나는 새로운 고향이었습니다. 하지만 운동선수에게는 도전이 필요합니다. 제

인생에서 두 번째로 아버지에게 반론을 제기했습니다. 아버지의 의견을 이해하고 존중합니다. 하지만 저는 결정을 내렸습니다. 언제나 그랬듯이 저를 믿어주세요. 바르셀로나와 카탈루냐는 항상 제 마음속에 있지만 저는 새로운 도전이 필요합니다. 새로운 도전 그리고 팬들이 기대하는 우승을 위해 파리 생제르맹의 제안을 수락했습니다. 그들은 저에게 담대한 계획을 제시했고 저는 이 도전에 응할 준비가 돼 있다고 생각합니다. 바르셀로나 팬들의 사랑과 라커룸에서 배운 모든 것들에 감사드립니다. 저는 이제 떠날 시간이 왔다는 것을 마음속으로 느끼고 있습니다. 파리 생제르맹은 몇 년 동안 저의 새로운 보금자리가 될 것입니다. 저는 그들이 저에게 주는 신뢰에 보답하기 위해 노력할 것입니다. 어려운 결정이지만 25년 인생의 경험을 바탕으로 내린 결정입니다. 바르셀로나 모두에게 감사드립니다. 하느님께서 우리 모두를 축복하시고 보호해 주시길 진심으로 바랍니다.

메시가 빛나는 황금공을 들었다. 2위는 호날두, 네이마르는 3위에 자리했다. 메시가 있는 바르셀로나에서 일인자가 되는 건 불가능에 가까웠다. 이때부터 네이마르의 마음속에는 새로운 도전에 대한 꿈이 꿈틀거렸다. 메시와 관계는 여전히 좋았지만, 바르셀로나에서 모든 걸 이룬 네이마르는 새로운 도전을 원했다.
이때쯤 다수 언론에서는 카타르 자본을 등에 업은 파리 생제르맹이 네이마르의 바이아웃을 지불한다는 보도들이 시작됐다. 네이마르의 바이아웃 금액은 2억 2,200만 유로(약 3,160억 원). 이 정도의 돈을 주고 축구 선수 한 명을 영입한 전례가 없었기 때문에 그저 허무맹랑한 소설로 취급했다. 하지만 이적설은 점점 구체화됐다. 자세한 계약 내용들이 알려졌고, 네이마르가 이적을 희망한다는 뉴스까지 전해졌다. 그의 야망은 파리 생제르맹과 일치했다. 카타르 자본으로 구성된 파리 생제르맹은 2022년 카타르 월드컵을 앞두고 네이마르라는 슈퍼스타가 필요한 상황이었다. 그리고 마침내 그 소식이 전해졌다. 2017년 8월 4일, 파리 생제르맹은 2억 2,200만 유로를 바르셀로나에 지불하고 네이마르를 영입했다.

축구 역사상 이적료 최고 신기록이었다. 네이마르는 이 이적으로 전 세계에서 가장 비싼 선수가 됐다. 기존 최고 이적료는 2016년 1억 500만 유로(약 1,500억 원)를 기록하며 유벤투스에서 맨체스터 유나이티드로 이적한 폴 포그바였는데 이보다 두 배가 넘는 금액으로 네이마르의 이적이 확정됐다. 이 기록은 지금까지도 유효하다. 전 세계는 경악했다. 중동의 자본이 유럽 축구를 흔들 수 있다는 걸 직접적으로 보여준 첫 사례였다. 프랑스 리그앙이 유럽에 있는 리그이긴 하지만 스페인 라리가보다는 모든 면에서 부족한 무대였다. 하지만 네이마르는 새로운 도전을 선택했다. 파리 생제르맹도 그저 돈을 쓰기 위한 영입은 아니었다. 파리 생제르맹 경영진들은 네이마르의 이적료가 천문학적이지만 그 정도를 지불할 가치가 있다고 판단했다. 우선 네이마르라는 선수는 그들의 새로운 프로젝트를 한 단계 더 높은 차원으로 발전시킬 수 있는 영입으로 바라봤다. 또 네이마르를 영입한다면 그의 상업적인 파워로 유니폼 판매, 스폰서 계약, 티켓 판매 수익 등으로 이적료를 일부 회수할 수 있다고 믿었다.

네이마르의 파리 생제르맹 이적은 축구계를 크게 변화시킨
사건이었다. 이때 이후 선수들의 이적료는 눈에 띄게
늘어났고, 선수들이 받는 급여도 크게 인상됐다. 네이마르가
축구계 인플레이션의 출발점이 된 것이다. 아르센 벵거
아스널 감독, 주제 무리뉴 맨체스터 유나이티드 감독
등 축구계 주요 인사들은 네이마르의 이적으로 인해
인플레이션이 가속화될 것이라고 경고했다. 벵거 감독은
"인플레이션이 점점 빨라지고 있습니다. 네이마르의
이적은 계산과 합리성을 뛰어넘은 일입니다."라며 우려의
시선을 보냈다. 실제로 네이마르가 파리 생제르맹으로 간
2017년 이후 이적시장을 보면 선수들의 가치는 눈에 띄게
증가했다. 코로나 팬데믹 시기인 2020년과 2021년을
제외하면 이적시장에 투입되는 자본의 양은 점점 증가하고
있다. 국제스포츠연구센터(CIES)의 보고서에 따르면 2016-
17시즌에는 여름과 겨울 이적시장을 모두 합쳐 약 67억
100만 유로(약 9조 5,530억 원)의 이적료가 기록됐는데
네이마르가 이적한 2017-18시즌에는 약 82억 7,500만
유로(약 11조 7,980억 원)로 금액이 껑충 뛰었다. 2019-
20시즌에는 약 97억 200만 유로(약 13조 8,320억 원)를
기록하며 축구 역사상 가장 돈을 많이 쓰는 시즌이 됐다.
축구계의 이적시장은 브레이크가 고장 난 차량처럼 무서운
속도로 앞으로 질주했다. 네이마르의 이적이 이 모든
사태의 출발점이었다. 슈퍼스타를 잃은 스페인 라리가
사무국은 네이마르의 이적을 두고 파리 생제르맹이 재정적
페어플레이 규정(FFP)을 위반했다고 주장했다. 그해 여름
이적시장 마지막에 킬리안 음바페까지 1억 8천만 유로(약
2,560억 원)를 주고 영입한 상황이라 의심의 눈초리는
더욱 따가웠다. 재정적 페어플레이 규정은 UEFA가
구단들의 재정적 건전성을 향상시키기 위해 2009년부터
시행한 규정이다. 간단히 말해 구단의 지출이 수입보다
많으면 안 된다는 뜻이다. 자본의 힘으로만 성장하는
구단들을 막고 이적시장의 왜곡을 방지하기 위한 규정이다.
빈익빈 부익부라는 비판도 있지만 UEFA는 이 규정을
더욱 강화하고 있다. UEFA는 네이마르를 영입한 파리
생제르맹의 재정을 조사했지만, 위반한 혐의가 없다고
발표했다. 음바페를 1년 임대 후 완전 영입하는 꼼수로
규정 위반을 피할 수 있었다. 이 선택으로 음바페의 이적료
지출은 내년으로 미뤄졌다. UEFA는 이 사건으로 재정적
페어플레이 규정의 보완 필요성을 느꼈다. 전 세계를
놀라게 한 네이마르의 영입은 이렇게 마무리됐다.

역대 최고 이적료

1973 **크루이프** 아약스 ▶ 바르셀로나

$2M

1984 **마라도나** 바르셀로나 ▶ 나폴리

$7M

1996 **호날두** 아인트호벤 ▶ 바르셀로나

$20M

2001 **지단** 유벤투스 ▶ 레알 마드리드

$67M

2016 **포그바** 유벤투스 ▶ 맨체스터 유나이트

$116M

2017 **네이마르** 바르셀로나 ▶ 파리 생제르망

$263M

네이마르 이적 전 이적료 TOP 10

1 **2016 폴 포그바**
유벤투스▶맨체스터 유나이티드
€ 1억 500M

2 **2013 가레스 베일**
토트넘 홋스퍼▶레알 마드리드
€ 1억 100M

3 **2009 크리스티아누 호날두**
맨체스터 유나이티드▶레알 마드리드
€ 9,250M

4 **2016 곤살로 이과인**
나폴리▶유벤투스
€ 8,670M

5 **2017 로멜루 루카쿠**
에버턴▶맨체스터 유나이티드
€ 8,670M

6 **2014 루이스 수아레스**
리버풀▶바르셀로나
€ 8,670M

7 **2014 하메스 로드리게스**
AS모나코▶레알 마드리드
€ 7,280M

8 **2014 앙헬 디 마리아**
레알 마드리드▶맨체스터 유나이티드
€ 6,900M

9 **2017 알바로 모라타**
레알 마드리드▶첼시
€ 6,900M

10 **2015 케빈 더 브라위너**
볼프스부르크▶맨체스터 시티
€ 6,3[illegible]M

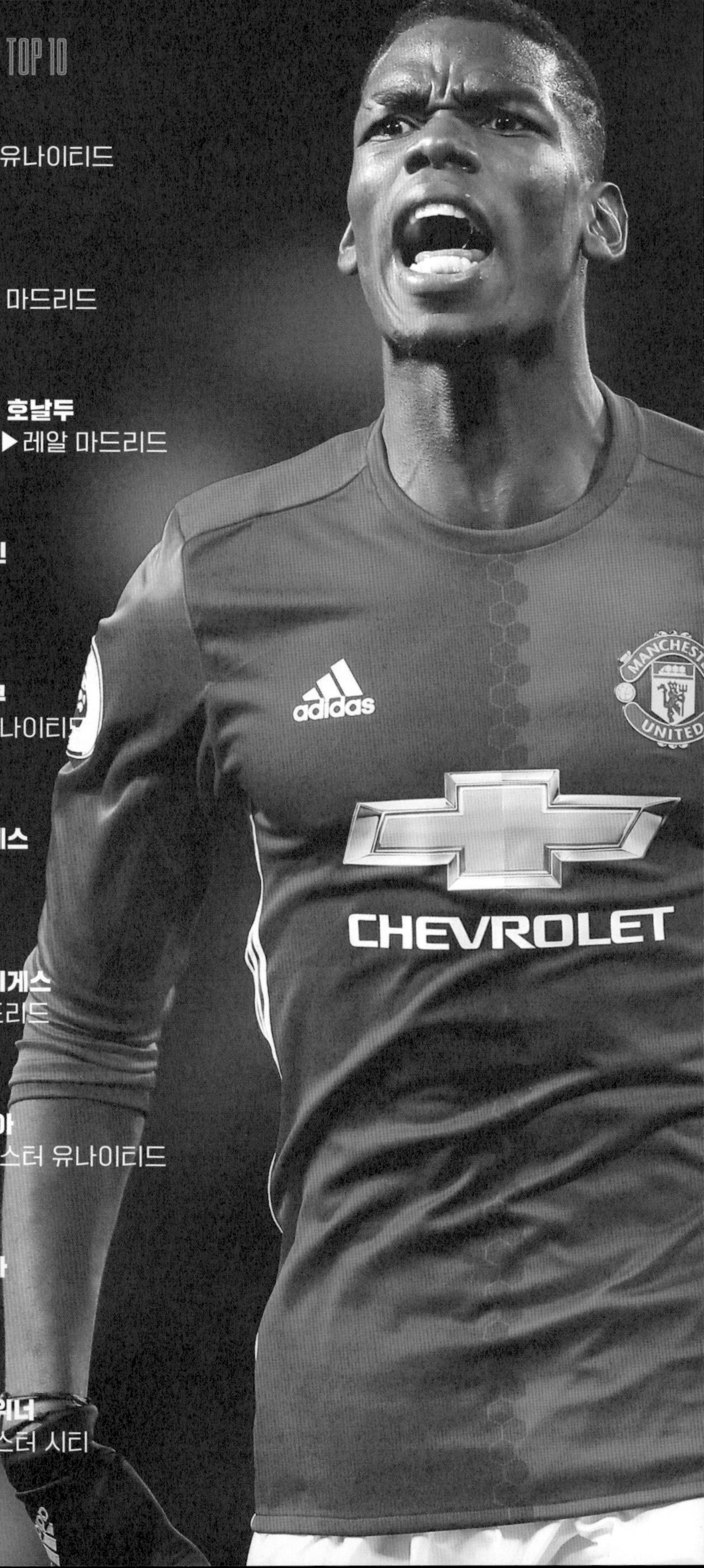

네이마르 이적 후 이적료 TOP 10

1 *2017* **네이마르**
바르셀로나 ▶ 파리 생제르맹
€ 2억 2,200M

2 *2017* **킬리안 음바페**
AS모나코 ▶ 파리 생제르맹
€ 1억 8,000M

3 *2018* **필리페 쿠티뉴**
리버풀 ▶ 바르셀로나
€ 1억 3,500M

4 *2017* **우스망 뎀벨레**
보루시아 도르트문트 ▶ 바르셀로나
€ 1억 3,500M

5 *2019* **주앙 펠릭스**
벤피카 ▶ 아틀레티코 마드리드
€ 1억 2,720M

6 *2023* **엔조 페르난데스**
벤피카 ▶ 첼시
€ 1억 2,100M

7 *2019* **앙투안 그리즈만**
아틀레티코 마드리드 ▶ 바르셀로나
€ 1억 2,000M

8 *2021* **잭 그릴리시**
아스톤 빌라 ▶ 맨체스터 시티
€ 1억 1,750M

9 *2018* **크리스티아누 호날두**
레알 마드리드 ▶ 유벤투스
€ 1억 1,700M

10 *2023* **데클란 라이스**
웨스트햄 유나이티드 ▶ 아스널
€ 1억 1,000M

02

PSG의 압도적인 일인자

군계일학(群鷄一鶴). 프랑스 리그앙에 온 네이마르의 모습을 가장 잘 표현한 사자성어일 것 같다. 네이마르는 닭 무리가 가득한 프랑스 리그앙에서 단연 돋보이는 한 마리의 학 같았다. 발롱도르 수상 가능성이 있는 세계 최고의 선수가 프랑스 리그앙으로 오자 전 세계 언론들은 흥미롭게 네이마르를 바라봤다. 사실 프랑스 리그앙은 그동안 빅리그로 가기 위한 중간 다리의 성격이 컸다. 하지만 네이마르는 거꾸로 세계 최고의 리그인 스페인 라리가를 떠나 프랑스 리그앙 진출을 선택했다. 카타르 자본력을 지닌 파리 생제르맹의 담대한 야망에 네이마르는 이적을 결심했다. 네이마르는 2017-18시즌 프랑스 리그앙 2라운드 EA갱강전에서 데뷔전을 치렀다. 이적 당시 서류 문제로 개막전은 나서지 못했다. 이 경기는 갱강의 홈구장 스타드 뒤 루두루에서 열렸지만 네이마르를 보기 위해 수많은 사람들이 경기장을 채웠다. 이들이 기다리는 건 전 세계에서 가장 비싼 2억 2,200만 유로 선수 네이마르의 화려한 쇼였다. 왼쪽 측면 공격수로 나선 네이마르는 경기 초반부터 화려한 개인기로 팬들에게 뜨거운 박수를 받았다. 리그앙의 수준은 라리가보다 상대적으로 낮았기 때문에 네이마르 개인의 능력도 더욱 돋보였다. 후반 16분 후방에서부터 공을 받아 중앙선까지 올라온 네이마르가 쇄도하는 에딘손 카바니에게 완벽한 패스를 찔렀고, 도움을 기록했다. 파리 생제르맹 유니폼을 입고 기록한 첫 번째 공격포인트였다. 데뷔골은 오래 걸리지 않았다. 후반 36분 이번에는 카바니가 페널티박스 안에 있는 네이마르에게 정확한 패스를 전달했고, 네이마르는 이를 가볍게 밀어 넣으며 파리 생제르맹 데뷔골에 성공했다. 네이마르는 환하게 웃으며 새로운 팀 동료들과 득점의 기쁨을 나눴다. 수많은 돌파와 화려한 개인기 그리고 1골 1도움을 기록한 네이마르는 경기 최우수 선수로 선정됐다. 경기장을 찾은 팬들은 네이마르에게 기립박수를 보냈다.

경기가 끝난 후 네이마르는 "제가 경기 최우수 선수로 선정돼 기쁘지만 가장 중요한 건 팀이 승리한 것입니다. 바르셀로나를 떠나기가 어려울 것이라는 건 알고 있었지만 파리 생제르맹에 와서 매우 기쁩니다. 사람들은 바르셀로나를 떠나는 건 죽는 것과 같다고 말합니다. 하지만 저는 파리로 왔고 어느 때보다 살아 있습니다. 저는 정말 행복하고, 제가 하는 축구도 마찬가지입니다."라며 소감을 전했다. 갱강의 베테랑 공격수 지미 브리앙은 "네이마르를 더 이상 소개할 필요는 없습니다. 우리는 그가 큰 위협이 될 것이라는 걸 알고 있었기 때문이죠."라며 상대를 인정했다.

더욱 완벽한 모습은 홈 데뷔전에서 나왔다. 파르크 데 프랑스에서 열린 프랑스 리그앙 3라운드 툴루즈전에서 네이마르는 수만 명의 환호를 받으며 홈 데뷔전을 치렀다. 팀 버스에서 내린 네이마르는 검은색 수트를 입고, 황금색 헤드폰을 낀 채 화려하게 등장했다. 이 경기도 네이마르 쇼였다. 처음에는 팀 동료들과 다소 호흡이 맞지 않는 모습이 나왔지만, 개인 능력으로 이를 극복했다. 마침내 전반 30분 첫 골이 나왔다. 네이마르가 재치 있게 뒤로 내준 패스를 라비오가 슈팅으로 연결했고 골키퍼가 이를 쳐내자, 네이마르가 쇄도해 마무리 지었다. 4분 뒤 네이마르는 라비오와 원투패스를 주고받아 골을 도왔다. 네이마르는 화려한 개인기와 드리블로 툴루즈 수비 라인을 계속해서 무너뜨렸다. 약이 오른 툴루즈 수비수들은 거칠게 네이마르를 막기 시작했다. 하지만 네이마르는 쉽게 막을 수 있는 선수가 아니었다. 후반 28분 네이마르는 수비수를 가볍게 속이는 개인기로 돌파에 성공했지만 태클에 걸려 페널티킥을 얻어냈다. 카바니는 이를 가볍게 성공시켰다. 후반 38분에는 정확한 코너킥으로 쿠르자와의 득점을 도왔다. 네이마르는 계속해서 수비수들을 짜증 나게 했다. 후반 막판에는 기막힌 레인보우 플릭(사포) 기술을 사용해 경기장을 뜨겁게 만들었다. 화가 난 상대 선수는 네이마르의 유니폼을 거칠게 잡으며 파울을 범할 수밖에 없었다. 그리고 후반 추가시간 네이마르가 기막힌 솔로골을 터뜨렸다. 페널티박스 안에서 공을 잡은 네이마르는 기민한 볼 컨트롤로 수비수 두 명을 순식간에 제쳤고 최종 수비수를 등에 지며 간결한 터치 후 반박자 빠른 슈팅으로 골망을 흔들었다. 툴루즈 수비수들은 그저 멍하니 네이마르의 골을 지켜봤다. 그들에게 네이마르를 막는 건 능력 밖의 일처럼 보였다. 경기장은 팬들의 함성으로 가득

찼고, 나세르 알 켈라이피 회장은 자리에서 벌떡 일어나 기립 박수를 쳤다. 그는 '왜 네이마르를 영입했는지 이제 알겠지?'라는 말을 하고 싶은 듯 미소를 지었다. 네이마르는 이 경기에서 2골 2도움을 기록하며 또다시 경기 최우수 선수로 선정됐다. 파리 생제르맹은 마르코 베라티가 경고 누적으로 퇴장을 당해 한 명이 부족했지만, 네이마르의 개인 기량으로 6-2 대승을 거두며 그 공백을 전혀 느끼지 못하게 만들었다.

네이마르는 파리 생제르맹의 완벽한 일인자였다. 하지만 문제는 생각보다 일찍 터졌다. 리그앙 6라운드 올림피크 리옹전에서 킬리안 음바페가 페널티킥을 얻었는데 이를 두고 네이마르와 카바니가 신경전을 펼친 것이다. 파리 생제르맹의 페널티킥 키커는 카바니다. 하지만 네이마르는 자신이 페널티킥을 차길 원했고, 브라질 동료 다니 알베스가 네이마르에게 공을 전달하는 모습까지 포착되며 팬들의 비판을 받았다. 아이러니하게도 카바니는 이 페널티킥을 실축하게 된다. 이 사건을 기점으로 다수 언론은 파리 생제르맹 내부에 파벌 싸움이 벌어지고 있다는 의혹을 전했다. 네이마르를 중심으로 브라질 선수들과 기존 파리 생제르맹 선수들이 치열한 파벌 싸움을 펼치고 있다는 내용이었다. 설상가상으로 파리 생제르맹 선수들은 네이마르가 지나친 특권을 누리고 있다는 것에 대해 불만을 품기 시작했다. 그것과 별개로 네이마르는 뛰어난 활약으로 프랑스 리그앙을 접수했다. 거의 매 경기 공격포인트를 기록하며 파리 생제르맹의 선두 질주를 이끌었다. 시끄러운 문제도 계속됐다. 21라운드 디종전에서 팀이 7-0으로 앞선 상황, 카바니가 파울을 당해 페널티킥 기회를 얻어냈는데 네이마르가 여기서 나서서 직접 페널티킥을 해결했다. 카바니는 즐라탄 이브라히모비치와 함께 파리 생제르맹 역대 최다 득점자 타이 기록을 갖고 있어 여기서 득점을 기록했다면 새로운 기록을 쓸 수 있었는데 네이마르는 양보보다는 득점을 선택했다. 이미 해트트릭을 기록했지만, 네이마르는 더 많은 골을 원했다. 경기장에는 야유가 터져 나왔다. 4골을 넣은 네이마르는 새로운 영웅이었지만, 기존의 영웅들을 존중하지 않는 모습은 모든 팬들에게 환영받을 수 없었다. 네이마르도 팬들의 야유가 짜증 났는지 경기 후 팬들에게 인사를 하지 않고 인터뷰도 거부한 채 바로 라커룸으로 들어갔다. 네이마르의 뛰어난 활약은 예상치 못한 부상으로 멈췄다. 27라운드 올림피크 드 마르세유전에서 발 골절 부상을 당했고 결국

수술을 받았다. 네이마르는 시즌을 모두 뛰지 못했지만,
리그 20경기에서 19골 13도움이라는 경이적인 기록을
쓰며 프랑스 리그앙 올해의 선수로 선정됐다. 시즌 전체로
보면 30경기에서 28골 16도움이다. 그야말로 네이마르는
프랑스를 폭격했다. 그럼에도 마냥 웃을 수 없었다. 팀의
가장 큰 목표였던 UEFA 챔피언스리그에서는 16강에서 레알
마드리드에 밀려 허무하게 탈락했기 때문이다. 페널티킥을
두고 동료들과 갈등까지 빚어 네이마르에게는 분명 아쉬운
시즌이었다.

2018-19시즌에도 네이마르의 활약은 계속됐다. 여전히
프랑스 리그앙 수비수들은 네이마르를 막지 못했고 유럽
5대 리그 최초로 개막 후 12연승이라는 믿을 수 없는 기록도
썼다. 하지만 또다시 부상이 네이마르의 발목을 잡았다. 쿠프
드 프랑스 32강 스트라스부르전에서 발을 가격당했는데
하필 지난 시즌 부상으로 수술을 받았던 그 부위에 부상이
발생했다. 이 부상으로 네이마르는 시즌 후반기가 돼서야
복귀할 수 있었고, 28경기 23골 11도움이라는 성적으로
시즌을 마무리하게 된다. 이번에도 리그 우승은 했지만 UEFA
챔피언스리그에서는 16강에서 탈락하며 고개를 숙이게
됐다. 네이마르의 영입 목적은 챔피언스리그 우승이었는데
두 시즌 동안 파리 생제르맹은 달라진 모습을 보여주지
못했다. 네이마르 입장에서도 부담감은 점점 더 커졌다. 이때
바르셀로나 복귀설이 터졌다. 네이마르는 새 시즌을 앞두고
팀 훈련에 복귀하지 않는 초강수를 띄우며 바르셀로나로
돌아가기 위해 노력했다. 파리 생제르맹은 성명서를 발표하고
벌금 징계까지 내리며 강경대응을 선택했다. 결국 네이마르는
팀 훈련에 복귀했고, 구단 수뇌부와 자신의 미래에 대한
대화를 나눴다. 하지만 네이마르가 바르셀로나로 돌아가는
건 현실적으로 어려운 일이었다. 우스망 뎀벨레와 필리페
쿠티뉴를 영입하며 천문학적인 돈을 썼고, 여기에 더해
앙투안 그리즈만까지 영입하며 사실상 쓸 수 있는 돈을 모두
썼기 때문이다. 네이마르는 바르셀로나의 라이벌 구단 레알
마드리드 이적설까지 등장하며 이적시장을 뜨겁게 달궜다.
파리 생제르맹은 처음에는 네이마르 처분을 고려했지만,
계속되는 이적설에 분노했고 결국 네이마르를 붙잡았다.
뒤숭숭한 분위기 속 2019-20시즌이 시작됐다. 이적을
강하게 원했던 네이마르는 팬들로부터 좋은 시선을
받을 수 없었다. 여전히 좋은 활약을 했지만 홈 팬들은
네이마르에게 야유를 보냈다. 그러나 팬들은 이렇게 뛰어난
활약을 보여주는 선수를 미워할 수 없었다. 네이마르가

계속해서 인상적인 활약을 펼치자 팬들도 결국 박수를 보내기 시작했다. 이 시즌은 전 세계를 흔든 코로나19가 발생한 시기이라 시즌이 조기 종료됐다. 리그 1위를 달리던 파리 생제르맹은 자연스럽게 우승팀이 됐다. 하지만 중요한 건 네이마르를 영입한 바로 그 목적, 챔피언스리그였다. 조별리그를 통과한 파리 생제르맹은 16강에서 보루시아 도르트문트를 만났다. 19세 특급 공격수 엘링 홀란이 있어 쉽지 않은 경기가 예상됐다. 자연스럽게 음바페와 홀란의 맞대결 구도가 형성됐다. 음바페는 어느새 네이마르를 넘어 파리 생제르맹을 대표하는 선수가 돼 있었다. 네이마르는 16강에서만 3골을 넣으며 팀의 8강행을 이끌었다.

네이마르는 득점 후 홀란의 시그니처 세리머니인 명상 포즈를 취하며 8강 진출의 기쁨을 전했다. 코로나19로 인해 단판 승부가 된 8강에서는 아탈란타를 상대했다. 부상이 없는 네이마르는 날아다녔다. 득점을 기록하진 못했지만 날카로운 패스와 드리블로 파리 생제르맹을 25년 만에 챔피언스리그 4강 무대로 올려놨다. 이번에 만난 팀은 라이프치히였다. 네이마르는 경기 내내 위협적인 드리블을 뽐냈고 파울을 당하며 프리킥을 얻었다. 여기서 득점이 나왔고, 정확한 패스로 디 마리아의 득점을 돕는 등 인상적인 활약을 하며 파리 생제르맹의 결승 진출을 이끌었다.

파리 생제르맹 창단 최초의 결승 진출이었다. 네이마르가 드디어 자신의 영입 이유를 증명한 대회였다. 결승에서 만난 상대는 독일의 거인 바이에른 뮌헨이었다. 두 팀 모두 트레블을 노리고 있어 치열한 경기가 펼쳐졌다. 코로나19로 인해 관중이 없는 이상한 분위기에서 경기가 진행됐지만 선수들은 진지하게 경기에 임했다. 바이에른 뮌헨은 파리 생제르맹을 막는 방법을 알고 있었다. 바로 네이마르를 막는 것이었다. 그나브리는 계속해서 네이마르와 몸싸움을 펼치며 그를 자극했고, 다른 선수들도 강한 전방 압박으로 파리 생제르맹 선수들이 공을 소유하는 것을 불편하게 만들었다. 좋은 기회를 만들어도 최후방에는 세계 최고의 골키퍼 마누엘 노이어가 있었다. 네이마르와 음바페의 결정적인 슈팅들은 선방에 막혔다. 결국 경기는 킹슬리 코망의 득점으로 바이에른 뮌헨의 우승으로 끝났다. 힘겹게 결승 무대에 올랐지만 준우승에 머무른 네이마르는 뜨거운 눈물을 흘리며 한동안 벤치를 떠나지 못했다. 1992~93시즌 올림피크 드 마르세유 이후 프랑스 리그앙 구단으로 두 번째 챔피언스리그 우승에 도전했지만 파리 생제르맹의 도전은 이렇게 마침표를 찍었다.

SANTOS FC

산투스 *2009-2013*

코파 두 브라질 *2010*
캄페오나투 파울리스타 *2010, 2011, 2012*
코파 리베르타도레스 *2011*
레코파 수다메리카나 *2012*

FC BARCELONA

바르셀로나 *2013-2017*

라리가 *2014-15, 2015-16*
코파 델 레이 *2014-15, 2015-16, 2016-17*
수페르코파 데 에스파냐 *2013*
UEFA 챔피언스리그 *2014-15*
FIFA 클럽월드컵 *2015*
UEFA 슈퍼컵 *2015*

PARIS SAINT-GERMAIN

파리 생제르맹 *2017-2023*

리그앙 *2017-18, 2018-19, 2019-20, 2021-22, 2022-23*
쿠프 드 프랑스 *2017-18, 2019-20, 2020-21*
쿠프 드 라 리그 *2017-18, 2019-20*
트로페 데 샹피옹 *2018, 2020, 2022*

BRAZIL NATIONAL TEAM

남미 U-20 챔피언십 *2011*
U-23 하계 올림픽 *2016*
FIFA 컨페더레이션스컵 *2013*

03

이름만 화려했던
MNM 라인

네이마르와 음바페를 보유한 파리 생제르맹은 전 세계에서
가장 위협적인 공격 라인을 갖춘 팀이었다. 차세대 축구 황제
음바페와 축구의 신에 가장 근접했던 사나이 네이마르까지
파리 생제르맹은 어떤 팀의 수비 라인도 뚫을 수 있는
다이아몬드 같은 공격 조합을 갖고 있었다. 챔피언스리그에서
준우승을 차지한 파리 생제르맹은 아쉬움 속 가능성을
확인했다. 이에 두 선수와 재계약을 체결했다. 2020-21시즌이
끝날 무렵 네이마르와 계약기간을 2025년까지 연장했다. 레알
마드리드 이적이 유력해 보였던 음바페도 시끄러웠던 이적
사가 끝에 2025년까지 재계약을 체결했다. 이렇게 완벽해
보이는 파리 생제르맹에 축구의 신 리오넬 메시가 온다는
소식이 전해졌다. 바르셀로나가 재정적으로 어려움을 겪었고
메시는 눈물을 흘리며 쫓기듯 팀을 떠나게 됐다. 전 세계가
충격에 빠진 사건이었다. 모두 메시는 바르셀로나에서 은퇴할
것으로 예상했지만 축구의 신은 스페인을 떠났다. 그가 도착한
곳은 프랑스 파리였다. 메시가 파리 생제르맹으로 오면서
역대급 공격 라인이 완성됐다. MNM 라인(메시-네이마르-
음바페)은 파리 생제르맹의 오랜 꿈이었던 챔피언스리그
우승을 이뤄줄 수 있는 백지수표처럼 보였다. 그야말로 세계
최고의 선수들이 모인 공격 조합이었다.

하지만 많은 기대를 받은 MNM 라인은 2021-22시즌
시작과 함께 실망스러운 모습을 보여줬다. 선수들의
개인 기량이 워낙 뛰어나 좋은 모습을 보여주기도
했지만, 기본적으로 공격 조합의 모습이 나오지 못했다.
선수들의 호흡이 잘 맞지 않았고, 커리어 처음으로
바르셀로나가 아닌 다른 팀에서 뛴 메시는 프랑스
리그앙 무대에 적응할 시간이 필요했다. 전성기에 접어든
음바페는 폭발적인 득점력을 보여줬지만, 세 선수의
공격 조합으로 만든 골이라고 보기에는 어려웠다. 가장
큰 문제는 수비였다. 현대 축구에서는 포지션의 경계가
점점 희미해지고 있다. 공격수도 수비를 해야 하고,
수비수도 공격을 해야 한다. 심지어 골키퍼도 빌드업에
가담하는 시대다. 하지만 MNM 라인은 지나치게 수비를
하지 않았다. 음바페는 역습을 위해 최전방에 있었고,
메시는 바르셀로나와 마찬가지로 공격을 위해 수비에
에너지를 쏟지 않았다. 네이마르는 나름대로 수비에
가담했지만, 기본적으로 수비력이 좋은 선수는 아니었다.
맨체스터 유나이티드의 레전드 피터 슈마이켈은 MNM
라인을 이렇게 평가했다. 슈마이켈은 "파리 생제르맹의
공격 라인에는 분명 문제가 있습니다. 그들의 움직임을
보면 그들이 전혀 수비에 가담하지 않는다는 것을
볼 수 있습니다. 바이에른 뮌헨이나 맨체스터 시티
같은 팀들은 열한 명의 선수가 모두 공격과 수비에
가담합니다. 그것이 현대 축구고 그들 같은 팀들에
필요한 스타일입니다. 메시, 네이마르, 음바페는
문제점을 드러냈습니다"고 했다. 파리 생제르맹에서
뛰었던 제롬 로탕 역시 "파리 생제르맹의 진짜 문제는
공을 소유하지 않았을 때 드러납니다. 세 명의 공격수가
공을 되찾기 위해 압박을 전혀 하지 않습니다. 이 팀은
정말 불안합니다"라고 평가했다.
이들을 이끈 마우리시오 포체티노 감독의 지도력도
아쉬웠다. 세계 최고의 선수들을 제대로 컨트롤하지
못했고 단조로운 공격 패턴으로 선수들을 잘 활용하지도
못했다. MNM 라인 외에도 조르지니오 바이날둠,
세르히오 라모스, 잔루이지 돈나룸마 등 월드클래스
선수들을 대거 영입했지만 파리 생제르맹의 경기력은
크게 달라지지 않았다. MNM 라인의 부조화만
비판하기에는 포체티노 감독의 실책이 너무나 컸다.
포체티노 감독은 음바페의 빠른 발과 결정력만 믿고
역습에만 무게를 뒀다. 그 결과는 생각보다 컸다. 물론

파리 생제르맹은 프랑스 리그앙에서 압도적인 모습으로
우승을 차지했다. 38경기에서 26승 8무 4패 승점
86점으로 리그 2위 올림피크 드 마르세유를 승점 15점
차이로 따돌리며 정상에 섰다. 하지만 프랑스 리그앙에서
파리 생제르맹의 우승은 독일 분데스리가에서 바이에른
뮌헨의 우승보다 더 당연한 일이었다. 파리 생제르맹에
리그 우승은 기뻐할 일이긴 하지만 그리 대단한 일은
아니었다. 쿠프 드 프랑스에서는 16강에서 탈락하는
충격적인 결과를 얻었다. 트로페 데 샹피옹은 시즌
시작을 알리는 리그앙 우승팀과 쿠프 드 프랑스 우승팀이
맞붙는 슈퍼컵 성격의 대회인데 준우승에 머무른
것이 불운은 아니었다. 결국 챔피언스리그 성적이
모든 걸 대변한다. 파리 생제르맹은 맨체스터 시티,
라이프치히, 클럽 브뤼헤와 함께 A조에 속했다. 쉽지
않은 조 편성이었지만 2위로 16강 진출에 성공했다.
16강에서 만나 상대는 챔피언스리그 최다 우승팀 레알
마드리드였다. 홈에서 열린 1차전에서 파리 생제르맹은
후반 추가시간 음바페의 극장골로 레알 마드리드에 1-0
승리를 거뒀다. 메시가 페널티킥을 실축했지만, 음바페가
환상적인 돌파로 수비 라인을 뚫고 결승골을 기록하며
경기를 승리로 이끌었다. 음바페의 개인 기량으로 만든
득점이었다. 하지만 우승의 꿈은 생각보다 일찍 끝났다.
원정에서 열린 2차전에서 파리 생제르맹은 1-3으로
완패했다. 음바페의 선제골이 나올 때만 해도 8강으로
가는 길이 넓어 보였지만 카림 벤제마가 17분 만에
해트트릭을 성공시키며 경기를 뒤집었다. 챔피언스리그
최고령 해트트릭 기록과 함께 레알이 8강에 올랐고 파리
생제르맹은 허무하게 대회를 마쳤다.
4년 만에 재회한 네이마르와 메시 그리고 차세대 축구
황제 음바페가 한 팀에서 뛰었지만 파리 생제르맹이
받은 성적표는 초라했다. 리그 우승을 제외하면 모든
대회에서 실망스러운 결과를 얻었다. 가장 중요했던
챔피언스리그에서도 16강에서 탈락했다. 이름만
화려했던 MNM 라인의 결과였다. 네이마르는 파리
생제르맹 이적 후 통산 100호 골을 기록한 역사적인
시즌이었지만 유럽 진출 후 챔피언스리그에서 단 한
골도 넣지 못하는 초라한 시즌이기도 했다. 또 음바페가
완벽한 파리 생제르맹의 일인자가 되면서 네이마르는
뒤로 밀려났다. 28경기에서 13골 8도움이라는 기록이
네이마르의 현주소였다. 파리 생제르맹은 시즌이

| | | | | 2021-2022 | | | | | | 2022-2023 | | |

GAME	GOAL	ASSIST		GAME	GOAL	ASSIST
34	11	14	MESSI	40	21	20
27	13	8	NEYMAR	29	18	16
46	39	21	MBAPPE	43	41	9

끝난 후 계약기간이 1년 남아 있는 포체티노 감독의 경질을 발표했다. 유럽 정상을 기대하는 파리 생제르맹 경영진들에게 리그 우승만 거둔 감독은 필요 없었다. 실패한 시즌의 여파는 컸다. 불안했던 네이마르와 음바페의 불화설이 점점 더 커졌고, 재계약과 함께 많은 권한을 얻게 된 음바페가 네이마르의 방출을 원한다는 충격적인 보도까지 흘러나왔다. 확인되지 않은 이야기였지만 현재 팀 분위기가 얼마나 엉망인지 알 수 있는 사건이었다. MNM 라인은 크리스토프 갈티에 감독과 함께 2022-23시즌을 시작했다. 일단 트로페 데 샹피옹에서는 우승을 차지하며 기분 좋게 시즌을 출발했다. 프랑스 리그앙 적응을 마친 메시는 더 좋은 경기력을 보여주기 시작했고 한 시즌을 함께한 MNM 라인은 더 단단한 모습을 보였다. 물론 수비적인 문제는 계속됐다. 네이마르가 조금 더 수비 라인으로 내려오는 모습을 보여줬지만 근본적인 문제를 해결하기에는 역부족이었다. 여기에 네이마르와 음바페의 불화설은 점점 더 커졌다. 결과적으로 두 번째 시즌도 실패였다. 프랑스 리그앙에서는 승점 1점 차이로 RC랑스를 제치고 겨우 우승을 차지했다. 우승 트로피를 들었지만 승점 1점 차이는 찜찜함을 만들었다. 쿠프 드 프랑스에서는 16강에서 탈락했다. 하필 라이벌인 올림피크 드 마르세유에 패배해 더욱 뼈아픈 결과가 됐다. 그리고 가장 중요한 챔피언스리그에서는 또다시 좌절했다. 조

2위로 16강 진출에 성공했으나 사상 첫 결승전에서 좌절을 안긴 바이에른 뮌헨을 상대했다. 1차전 부상으로 음바페가 선발 명단에서 빠진 상황, 바이에른 뮌헨은 더욱 어려운 상대였다. 결국 홈에서 열린 1차전에서 무기력하게 0-1로 패배했다. 원정에서 열린 2차전에서 음바페는 선발로 나서며 메시와 함께 투톱을 구성했다. 하지만 네이마르가 부상으로 시즌 아웃 판정을 받아 경기에 나서지 못하는 악재가 발생했다. 이번에도 득점은 없었다. 파리 생제르맹은 0-2로 패배하며 초라하게 대회를 마쳤다. MNM 라인의 한계를 다시 한번 볼 수 있는 시즌이었다. 결국 또다시 리그 우승만 남았다. 지난 시즌과 비교해 나아진 것은 전혀 없었다. 팬들은 네이마르와 메시에게 야유를 보냈다. 메시는 파리 생제르맹과 재계약을 체결하지 않고 미국 인터 마이애미 이적을 결정하며 MNM 라인은 해체됐다. 축구 역사상 최고 이름값을 가진 공격 라인이었지만 이름만 화려했고 남은 건 없었다. 훗날 메시는 파리 생제르맹 생활이 너무나 힘들었다고 고백하며 이들이 애초에 잘될 수 없는 조합이었다는 것이 밝혀졌다. 2023년 여름 네이마르마저 사우디아라비아 알 힐랄로 이적하며 결국 파리의 일인자 음바페만 팀에 남게 됐다. MNM 라인은 축구는 이름값으로만 할 수 없다는 걸 보여준 대표적인 예시가 됐다.

네이마르

네이마르는 화려하다. 경기장 안팎 모두에서 그랬다. 밝은 빛이 있으면 그 뒤에는 어두운 그림자도 있다. 네이마르는 커리어 내 내 화려한 시기를 보냈지만, 경기장 안과 밖에서 다양한 문제를 일으키기도 했다. 바르셀로나 이적과 함께 이적료를 두고 시끄러운 사건이 발생했다. 네이마르 시니어가 설립한 회사를 통해 이적료 중 일부를 수령했고, 이로 인해 세금 탈세 혐의 등이 발생해 곤욕을 치렀다. 사실 이런 문제는 네이마르 개인의 문제보다는 네이마르라는 선수의 이적을 두고 관계자 사이에 발생한 문제라 네이마르 본인을 비판하기 어렵다.

본인에 대한 문제를 자세히 보면 우선 불같은 성격으로 인해 발생한 일들이 꽤 많다. 네이마르는 어린 시절부터 페널티킥에 대한 욕심이 많았다. 산투스 시절 당시 감독이 네이마르가 아닌 다른 선수에게 페널티킥을 맡기자, 공개적으로 욕설을 내뱉은 사건은 유명하다. 파리 생제르맹에서도 이와 비슷한 일이 있었다. 2017년 9월 프랑스 리그앙 6라운드 올림피크 리옹전 후반 35분 에딘손 카바니가 페널티킥 키커로 나서자, 네이마르는 갑자기 나서 양보를 요구했다. 카바니는 이를 거절했는데 카바니는 페널티킥을 실축했다. 많은 사람들은 네이마르의 갑작스러운 요구를 비판했다. 감독이 팀의 페널티킥 키커로 카바니를 지정했는데 네이마르가 나서서 이를 바꾸려고 시도했기 때문이다. 현지 보도에 따르면 네이마르는 득점을 더 많이 기록하고 발롱도르 수상에 도전하기 위해 페널티킥 키커 변경을 시도했다. 하지만 우나이 에메리 감독은 이를 단호하게 거절했다. 이후 네이마르와 카바니는 일단 화해를 하며 경기에서 호흡을 보여줬지만 당시 행동은 팀 전체 분위기를 망치는 최악의 행동이었다.

음바페와 갈등도 유명한 사건이다. 당초 네이마르는 음바페와 둘도 없는 절친이었다. 세계 최고의 축구 재능을 지닌 두 선수는 평소에도 친하게 지내며 특급 케미를 뽐냈다. 경기가 없을 때면 서로 장난을 치는 모습이 구단 SNS를 통해 팬들에게 전해졌다. 경기장에서는 더욱 호흡이 잘 맞았다. 환상적인 호흡으로 서로에게 도움을 전달하며 팀의 공격을 이끌었다. 하지만 시간이 지날수록 두 사람의 사이에 균열이 생기기 시작했다. 그 균열은 점점 더 커졌고 결국 두 사람은 서먹한 사이가 됐다. 그들의 우정이 무너진 것이다. 최근에는 서로 인스타그램 팔로우를 취소한 것이 밝혀지며 모두를 놀라게 했다. 이들이 이렇게 멀어진 이유는 무엇일까. 두 사람의 관계가 멀어진 것은 지난여름에 시작됐다. 프랑스 매체 '레퀴프'에 따르면 당시 네이마르는 음바페가 본인을 팀에서 쫓아내려 한다는 느낌을 받았다. 여기에 페널티킥을 두고 설전까지 발생했다. 두 사람 사이의 긴장은 더욱 팽팽해졌고 결국 네이마르는 사우디아라비아 알 힐랄로 이적했다. 이적이 확정된 네이마르가 훈련장에서 파리 생제르맹 동료들

사건사고

에게 작별 인사를 할 때 음바페와 어색하게 악수하는 모습은 두 사람의 현재 관계를 명확하게 보여줬다. 이적 이슈로 경기에 나오지 못하던 음바페는 네이마르가 떠나자 바로 1군 훈련에 복귀해 다시 팀의 중심에서 활약하고 있다.

네이마르는 성폭행 이슈에도 휘말린 적이 있다. 2019년 브라질 모델 나질라 트린다지는 네이마르가 프랑스 파리의 한 호텔에서 자신을 성폭행하려 했다며 고소장을 제출했다. 네이마르는 합의에 의한 만남이라며 이를 부인했지만, 양측의 법적 공방전은 시작됐다. 처음에는 네이마르에게 상황이 좋지 않게 흘러갔다. 하지만 나질라가 술병으로 네이마르를 폭행하는 영상이 공개되며 분위기가 달라졌다. 설상가상으로 나질라는 브라질 경찰이 매수됐다고 TV에서 인터뷰해 상파울루 경찰로부터 명예훼손으로 기소를 당하기도 했다. 시끄러운 사건들이 이어졌지만, 네이마르는 브라질 검찰로부터 무혐의 처분을 받았다. 결과적으로 네이마르는 죄가 없었지만, 파티와 여자를 지나치게 좋아하는 등 그의 난잡한 사생활이 밝혀진 사건이었다. 이 사건으로 네이마르는 주요 계약들이 해지돼 막대한 손해를 입게 됐다. 2016년에도 비슷한 사건이 있었다. 네이마르는 나이키 행사에 참가하기 위해 미국 뉴욕에 방문했는데 나이키 물건을 전달하려는 직원을 호텔로 불러 성폭행을 시도한 혐의로 고소를 당했다. 네이마르는 혐의를 부인했고 해당 직원을 알지도 못한다고 밝혔다. 네이마르 측은 해당 사건에 대한 조사 협조를 거부했고, 나이키와 스폰서 계약은 자연스럽게 종료됐다. 네이마르는 푸마와 새로운 계약을 맺었다.

네이마르는 파티로 인한 문제가 참 많았다. 코로나19로 인해 전 세계 사람들이 공포에 떨던 시기 스페인 동부 이비자섬으로 단체 휴가를 가 코로나19 확진 판정을 받았다. 대부분의 선수들이 자택에서 자가격리를 하며 코로나19 확진을 피하고자 노력하고 있을 때 네이마르는 일부 동료들과 함께 이비자섬에서 파티를 즐겼다. 이후 함께 간 선수들과 단체로 확진 판정을 받아 파리 생제르맹은 비상이 걸리기도 했다. 또 네이마르는 파리에 있는 숙소에서 새벽 내내 파티해 문제를 일으키기도 했다. 2023년 2월 5일 네이마르는 파리 근교 부기발에 있는 자신의 숙소에서 자신의 생일 파티를 열었는데 오후 3시에 시작해 자정까지 시끄러운 음악들이 계속해서 흘러나왔다. 뤽 와텔 부기발 시장까지 분노한 사건이었다. 와텔 시장은 "네이마르는 존중이라는 걸 모르는 무례한 사람입니다. 최근에는 오케스트라 사운드 시스템까지 설치했습니다. 난 네이마르 건너 집에 사는데 창문이 흔들릴 정도였습니다. 그에게 벌금을 부과할 수 있지만 135유로(약 19만 원)는 그의 연봉에 비교하면 전혀 신경도 쓰지 않을 금액입니다. 우리가 대체 무엇을 할 수 있을까요."라며 분통을 터뜨리기도 했다.

사우디아라비아로 떠난

COLUMN 세상에는 믿을 수 없는 일들이 참 많다. 네이마르의 사우디아라비아 알 힐랄 이적설이 나올 때도 이를 믿는 사람은 거의 없었다. 네이마르가 사우디아라비아로 간다고? 여전히 세계 최고 수준의 능력을 갖춘 선수가 유럽을 떠나 아시아로 간다는 건 믿기 어려운 일이었다. 물론 크리스티아누 호날두, 카림 벤제마 등 주요 선수들이 천문학적인 자본이 쌓여 있는 사우디아라비아로 향했지만 그들은 은퇴를 앞둔 선수들이었다. 네이마르는 여전히 전 세계에서 가장 치열하고 수준이 높은 유럽 무대가 어울리는 선수였다. 하지만 축구공이 둥글다는 말은 이적시장에도 적용되는 말이었다. 네이마르의 알 힐랄 이적은 순식간에 진행됐다. 네이마르는 파리 생제르맹 프리시즌 기간에 부상으로 대부분의 경기를 뛰지 못했다. 일본에서 열린 프리시즌 투어 3경기에서는 모두 결장했다. 예상과 달리 부산에서 열린 쿠팡플레이시리즈 전북현대전에서는 풀타임을 소화해 한국 팬들에게 뜨거운 박수를 받았다. 햄스트링을 다친 네이마르는 정상적인 몸 상태가 아니었지만 2골 1도움을 기록하며 자신의 클래스를 보여줬다. 이강인과 함께 보여준 브로맨스는 국내 팬들을 흥분시키기에 충분했다. 하지만 이 경기가 네이마르의 파리 생제르맹 마지막 경기가 될지는 몰랐다.

네이마르는 파리 생제르맹을 떠나길 원했다. 더 이상 동기부여는 없었다. 자신의 영입 목적이었던 UEFA 챔피언스리그 우승은 계속해서 실패했고, 킬리안 음바페에게 일인자 자리를 내주기까지 했다. 잦은 부상과 부진할 때 어김없이 쏟아지는 홈 팬들의 야유는 온전히 축구에 집중하기 어려운 환경이었다. 파리 생제르맹도 네이마르의 처분 가능성을 열어뒀다. 양측 모두 작별의 시간이 다가오고 있다는 걸 직감하고 있었다. 더 이상 네이마르와 파리 생제르맹은 서로를 원하지 않았다. 그로 인해 바르셀로나, 첼시 등 다양한 구단들의 이적설이 나왔다. 파리 생제르맹은 적절한 제안이 올 경우 네이마르를 보낼 수 있다는 입장을 취했다. 이런 상황에 알 힐랄 이적설이 등장했다. 이적설의 내용은 충격적이었다. 알 힐랄이라는 팀 자체도 충격이지만 계약 조건이 믿을 수 없는 수준이었다. 기본 이적료는 8천만 유로(약 1,140억 원), 보너스 옵션이 2천만 유로(약 285억 원)였다. 사우디아라비아 프로 리그 이적료 신기록이었다.

네이마르

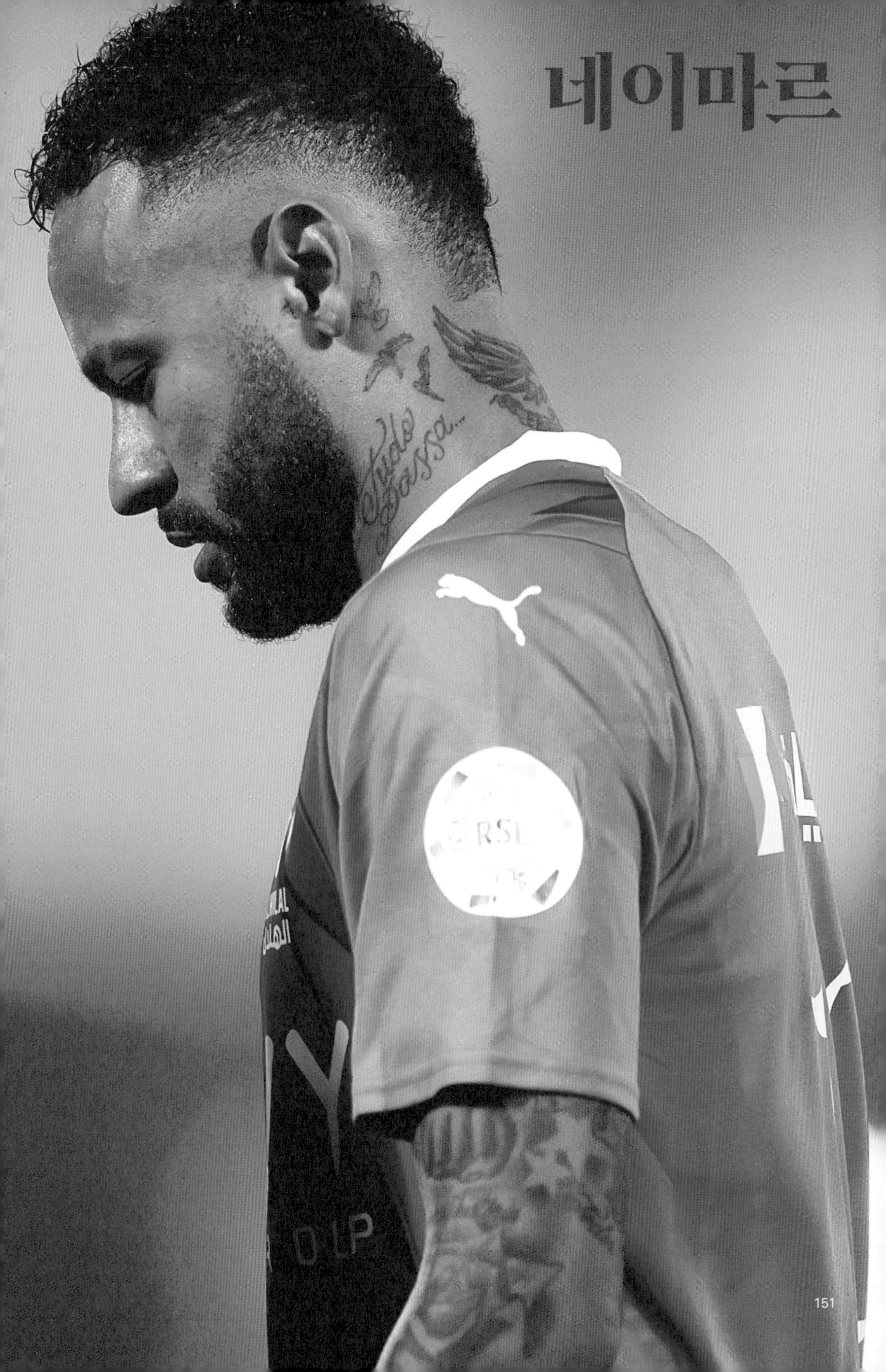

"

알 힐랄에서 새로운 역사를 쓰고 싶습니다.
사우디아라비아 프로리그는 엄청난 에너지와 뛰어난 선수들을 보유하고 있습니다.
현재 엄청난 성장세를 보여주고 있어 모두가 원하는 곳이라고 생각합니다.
알 힐랄은 환상적인 팬들을 보유한 거대한 구단이고 아시아 최고의 팀입니다.
알 힐랄 이적으로 적절한 시기에 적절한 구단과 함께하는 것이 올바른
선택이라는 느낌을 줍니다. 나는 승리와 득점을 좋아합니다.
사우디아라비아와 알 힐랄에서 계속해서 목표를 달성하고 싶습니다.

"

__ 네이마르 알 힐랄 입단 소감

더 놀라운 건 개인 조건이었다. 2년 계약 기간 동안 네이마르의 연봉은 무려 1억 5천만 유로(약 2,140억 원), 여기에 옵션을 더하면 2억 유로(약 2,850억 원)가 된다. 좀처럼 체감하기 어려운 금액이다. 월급으로 따지면 약 220억 원, 주급 51억, 일급은 7억 3천만 원이다. 매일 아파트 한 채를 살 수 있는 엄청난 금액이다. 이걸 시급으로 따지면 약 3천만 원으로 한 시간 만에 웬만한 직장인 연봉을 벌게 된다. 잠시 생각에 빠진 1분 동안에는 약 51만 원, 눈을 깜빡이는 1초에 약 8,400원을 번다. 아무리 축구 선수가 많은 돈을 번다고 해도 이 정도의 금액은 상상 초월이다.

끝이 아니다. 네이마르는 알 힐랄로 이적하면서 특별한 보너스 옵션들이 계약서에 포함됐다. 네이마르는 2억 명 이상을 보유한 자신의 인스타그램에 사우디아라비아와 관련된 게시물을 올릴 때마다 43만 파운드(약 7억 3천만 원)를 받게 된다. 게시물 하나가 이 정도의 가치가 있다는 게 참 놀라운 일이다. 또 네이마르는 알 힐랄 측에 슈퍼카 8대를 요구했다. 알 힐랄은 메르세데스-벤츠 G클래스, 람보르기니 우라칸, 벤틀리 콘티넨탈, 애스턴 마틴 등 초호화 자동차들을 네이마르 측에 제공하기로 약속했다. 또 직원들이 항상 상주하고 있는 방 25개가 딸린 대저택, 언제든지 사용할 수 있는 전세기 등 놀라운 옵션들이 네이마르의 호화로운 사우디아라비아 생활을 보장했다. 유럽에서 모든 걸 이룬 네이마르는 거부할 이유가 없었다. 2023년 8월 16일 알 힐랄은 네이마르의 영입을 전격 발표했다. 알 힐랄이 이렇게 수많은 돈을 퍼붓는 이유는 무엇일까. 알 힐랄이 돈이 아무리 많다고 해도 자선사업을 하는 곳은 아니다. 사우디아라비아는 세계 축구의 패권을 잡기 위한 노력의 일환으로 네이마르를 포함해 유럽의 축구 스타들을 영입했다. 사우디아라비아는 2034년 FIFA 월드컵 단독 개최를 원하고 있고 또 유럽 중심의 현재 축구판을 깨트려 새로운 구도를 구상하고 있다. FIFA를 필두로 철저하게 짓밟힌 슈퍼리그가 최근 다시 수면 위로 올라오는 것도 이와 무관하지 않다. 이 과정에 사우디아라비아에 발생한 인권 침해 문제, 부정부패, 다양한 사회 문제 등을 덮는 스포츠 워싱(스포츠를 통한 이미지 세탁) 효과도 기대했다. 3,220만 명 사우디아라비아 국민의 51%는 30세 미만의 청년층이다. 스포츠를 정치에 활용하기 좋은 환경이다.

사우디아라비아 프로리그가 2023년 여름 이적 기간 쏟아부은 금액은 9억 5,700만 달러(약 1조 3천억 원)로 잉글랜드 프리미어리그에 이어 전 세계에서 두 번째로 많은 자금을 투입했다. 스페인, 독일, 이탈리아 등 기존 유럽의 빅리그를 가볍게 제쳤다. 축구뿐만 아니라 복싱, 골프 등 다양한 스포츠에서 사우디아라비아의 자본력은 점점 더 영향력을 드러내고 있다.

네이마르는 9월 A매치 기간까지 휴식을 취했고 알리야
드SC전에서 알 힐랄 유니폼을 입고 첫 경기를 치렀다.
벤치에 앉아 있던 네이마르는 후반 19분 교체 투입되며
경기장을 밟았다. 네이마르의 움직임은 가벼웠다. 예리
한 패스로 상대 수비를 무너뜨렸고, 후반 38분에는 정
확한 패스로 말콤의 골을 도왔다. 최근에는 AFC 챔피언
스리그 데뷔전도 치렀다. D조 조별리그에서 나사지 마
잔다란(이란)을 상대했는데 이 경기에서 데뷔골까지 기
록했다. 후반 13분 동료의 패스를 받아 강력한 왼발 슈
팅으로 골망을 흔들었다. 알 힐랄 이적 후 5경기 만에
나온 데뷔골이었다. 네이마르는 크게 기뻐하며 동료들
과 함께 골 세리머니를 펼쳤다. 바로 전 경기에서 페널

티킥 기회가 있었지만, 알 샤밥의 김승규가 침착하게 막아내며 네이마르의 데뷔골 기회를 날려버렸다. 네이마르는 바로 다음 경기에서 골을 터뜨리며 드디어 웃을 수 있었다. 이 경기에서 알 힐랄은 3-0으로 완승을 거두면서 AFC 챔피언스리그 우승을 위한 첫걸음을 내디뎠다. 하지만 생각보다 일찍 좋지 않은 소식이 전해졌다. 북중미 월드컵 남미 예선 4차전 우루과이전에서 네이마르가 부상을 당한 것이다. 부상은 생각보다 심각했다. 전방 십자인대와 반월판이 동시에 파열되는 최악의 상황이 나왔다. 결국 네이마르는 곧바로 수술을 받았고, 알 힐랄 유니폼을 입고 고작 5경기(1골)를 치르고 시즌아웃 되는 사태가 펼쳐졌다. 수술은 무사히 끝났지만 회복 과정에서 다양한 파티를 하는 등 프로답지 않은 모습을 보여주며 팬들의 비판이 이어지고 있다. 아시아 무대로 온 네이마르는 앞으로 어떤 모습을 보여줄까. 네이마르와 알 힐랄의 계약기간은 2025년까지다. 계약기간이 생각보다 짧아 다수 전문가는 네이마르가 다시 유럽에서 도전을 이어갈 가능성이 높다고 전망하고 있다. 기량은 여전히 세계 최고 수준이고, 1992년생으로 나이도 생각보다 많지 않다. 네이마르가 어떤 선택을 하든 축구 팬들은 그의 화려하고 매혹적인 플레이를 한 경기라도 더 보는 게 맞는 선택이다. 브라질의 축구 전설 네이마르와 함께 축구를 즐길 수 있는 시간이 점점 줄어들고 있다. 오늘 하루만큼은 네이마르의 활약을 보면서 브라질 삼바 축구의 매력을 즐겨보면 어떨까.

EPILOGUE

Do your best and enjoy football

"최선을 다해! 그리고 축구를 즐겨!" 브라질 축구를 보면 이런 이야기를 하고 싶다. 이 책을 읽고 있는 지금도 브라질의 어린이들은 맨발로 시장과 광장, 좁은 골목에서 땀을 뻘뻘 흘리며 축구를 즐기고 있다. 누가 시켜서 이렇게 하는 걸까? 당연히 아니다.

브라질의 축구는 이렇게 발전했다. 선진국들의 체계화된 훈련과 훌륭한 시설보다는 성공을 위한 간절함과 축구에 대한 원초적인 즐거움으로 지금까지 성장했다. 브라질에 내리쬐는 뜨거운 태양처럼 그들의 축구에 대한 열정이 지금의 브라질을 만들었다. 무엇이 정답일까? 축구에 정답은 없다. 우리에게 즐거움을 준다면 그게 바로 축구다. 잊을 수 없는 비극적인 악몽을 경험했고, 역시 잊을 수 없는 환호를 만들어 준 축구는 브라질 사람들에게는 인생 그 자체다. 마라카낭, 미네이랑에서 발생한 비극은 월드컵 통산 최다 우승국이라는 새로운 역사를 쓴 자양분이 됐다.

징가 정신이 담긴 브라질 선수들의 움직임을 보는 건 한 편의 단편 영화를 보는 듯한 느낌이 든다. 이 움직임을 만들기 위해 얼마나 많은 노력을 했을까. 어린 시절 처음 축구화를 신을 때부터 시작해 무수히 많은 슈팅과 패스, 개인기를 연습했을 것이다. 감히 엄두도 나지 않는다.

네이마르는 이런 모습을 잘 보여주는 인물이다. 어린 시절 가난한 가정에서 축구를 시작했고, 누구보다 축구를 즐겼고, 이젠 전 세계 최고의 선수로 성장했다. 지금은 브라질 선수 중 가장 많은 돈을 버는 축구 선수가 됐다. 네이마르의 시급이 약 3천만 원이라는 건 다시 봐도 믿기지 않는다.

브라질 축구와 네이마르는 늘 편견과 싸워왔다. 타인의 관점에서 정돈되지 않은 브라질 축구는 차가운 시선을 받았고, 네이마르는 유튜브 스타라는 조롱 섞인 별명으로 무시를 당했다. 그러나 결과는 다르다. 브라질은 축구 종주국 영국을 넘어 축구를 대표하는 국가가 됐고, 네이마르는 세계 최고의 선수로 성장했다.

단순히 천부적인 재능이 네이마르를 세계 최고의 선수로 만든 걸까. 아주 틀린 이야기는 아니겠지만 축구를 대하는 태도에 그 답이 있을 것 같다. 네이마르는 누구보다 축구를 즐겼다. 어린 시절 길거리에서 풋살을 하며 축구에 대한 꿈을 키웠다. 브라질 사람들은 누구보다 축구를 즐기고 있다. 우리 인생도 이와 비슷할 것 같다. 자신이 좋아하는 것을 즐기고, 사랑하다 보면 인생도 즐거워지지 않을까. 그렇게 즐거운 순간들이 모여 우리의 행복한 일생이 만들어지지 않을까. 어린 시절 작은 것 하나에도 크게 즐거워했던 우리의 모습들은 어디로 사라진 걸까. 브라질 축구와 네이마르를 보며 인생의 즐거움, 축구의 즐거움에 대해 다시 한번 생각해 보자.

Neymar

1ST PUBLISHED DATE 2024. 2. 9

AUTHOR Sunsoo Editors, Park Juseong
PUBLISHER Hong Jungwoo
PUBLISHING Brainstore

EDITOR Kim Daniel, Hong Jumi, Park Hyerim
DESIGNER Champloo, Lee Yeseul
MARKETER Bang Kyunghee
E-MAIL brainstore@chol.com
BLOG https://blog.naver.com/brain_store
FACEBOOK http://www.facebook.com/brainstorebooks
INSTAGRAM https://instagram.com/brainstore_publishing
PHOTO Getty Images

ISBN 979-11-6978-024-7 (03690)

NEYMAR